AF439818

Contenido

Dedicatoria

A mis hijas, María e Irene, por ser mis dos luceros guía, a mis padres por su apoyo incondicional aún sin compartir mis propósitos y visiones, A María la madre de mis hijas, por su aliento y apoyo aun sin ella saberlo, para llegar donde estoy ahora, a Ricardo y Bea, por su compañía en momentos difíciles y cómo no, a todos aquellos que con su forma de ver la vida y diciéndome a diario que no lo iba a conseguir, me han alentado sin quererlo a cumplir cada uno de mis anhelos... entre ellos, escribir este libro y dedicarme a lo que más me gusta, ayudar a las personas. Y como olvidar a "Chus", vecina y amiga sin igual, que ha tenido el efecto en mí, de la musa en un artista con su carácter y personalidad dándome, el impulso necesario para acabar este libro. Como no a Leticia, la correctora de este libro por su ayuda.

Gracias a todos desde el fondo de mi corazón.

Prólogo

Desde el principio de los tiempos se han usado en círculos reducidos de elite, las leyes inmutables del universo y otros conocimientos, que se han ocultado a la gran mayoría de los mortales, pretendiendo de esta forma limitar su uso y lograr así que un limitado grupo controle al resto. La realidad es que las cosas llegan en su momento justo y los cúmulos de causalidades, que no casualidades, han hecho que la humanidad se esté despertando. Hay muchas personas que sin interés económico alguno, están aportando conocimiento vedado antes al resto de los mortales, este conocimiento está siendo divulgado a través y gracias a Internet y sus medios sociales hasta el último confín del mundo y está llegando a oídos de todos y cada uno de los seres humanos poco a poco, pero sin pausa, como las ondas en el agua. El despertar de la humanidad está cercano.

Hay varias leyes inmutables en el universo, todas de igual importancia. Una de ellas en concreto está despertando un interés inusitado en el mundo, esta es la ley de la vibración, vinculada estrechamente a la ley de la atracción. Con ella podemos lograr todo lo que deseemos, ya sea en el ámbito económico, el personal, el sentimental, etc. Hablaremos de ella, con más profundidad en capítulos posteriores.

Sencillo de entender pero no fácil de aplicar, debido a los condicionantes pre instalados a lo largo de nuestra vida, como creencias limitantes o patrones de pensamiento y comportamiento. Un entorno determinado también dificulta el logro.

Es curioso como yo mismo, he sufrido de este llamado "fenómeno". Cada vez que se me ocurría algo nuevo que hacer o emprender, surgía alguien interesado en "ayudarme" susurrando al oído o diciendo en voz alta "Que no era posible" o "estás loco", ¡cómo vas a hacer eso, vas a fracasar otra vez!

"No me equivoqué mil veces para hacer una bombilla, descubrí mil maneras, de cómo no hacer una bombilla".

Tomas Alba Edison

Atreviéndose a explicar algunos llamados "milagros", ¿No serán quizás acciones basadas en fe ilimitada de personas normales? Sin limitación mental de ningún tipo y apoyados en una emoción y vibración inquebrantable.

Mi ejemplo, sin ir más lejos, sin llegar a ser milagro, ni pretender llegar a serlo, puede ilustrar quizás este pensamiento. Aún siendo muy buen estudiante con medias de Notables y Sobresalientes, dejé mis estudios tras finalizar el BUP, decidí entonces dedicarme a reparar electrodomésticos y así lo hice, tras hacer esto durante dos años y debido al aburrimiento, sumado a la ambición de llegar más lejos, monté mi primer negocio, una cafetería, a los cinco meses la cerré y monté una empresa de construcción, empecé reparando electrodomésticos y poco a poco fui ampliando conocimiento y campo de acción, fontanería, albañilería, electricidad, cerrajería, carpintería, pintura etc.

Cada vez que quería iniciar algo, me informaba del oficio, compraba las herramientas necesarias y lo publicitaba, a la semana estaba trabajando de ello, cada oficio nuevo se me hacía más fácil de aprender.

Lo último que hice en el ramo de la construcción fue exportar casas de madera y montarlas. En la última obra de construcción, un trabajo de rehabilitación de una vivienda inacabada. Sufrí tres brotes muy fuertes de alergia en la piel. En otras ocasiones, también había tenido brotes parecidos aunque distintos, lo tomé como un aviso. Los médicos me decían que tenía que cambiar de trabajo. Decir que había hecho un curso de practitioner de la ley de la atracción cuatro meses antes. El cual me hizo abrir los ojos a medias.

En Mayo del 2011, me enfoqué en cambiar de trabajo y decidí formarme en crecimiento personal todo lo posible.

En Diciembre del 2011, acabé un master en Coaching personal y estoy haciendo uno de Coaching corporativo. A día de hoy, tengo dos consultas terapéuticas, una en la zona Norte y otra en el centro de mi ciudad, el Puerto de Santa María, ésta última compartida con terapias alternativas de Shia Tzu.

Tengo una revista gratuita de terapias alternativas, en la zona de la bahía de Cádiz. Esta revista la he diseñado, maquetado y editado personalmente. Se llama "La Nueva Era, La Revolución de la Consciencia".

Mi enfoque actual es dedicarme a dar conferencias para ayudar a las personas que lo necesiten a encontrar su propósito y solucionar sus problemas. También escribir este libro para lograr ayudar al mayor número de personas.

El 24 de Marzo tuve mi primera conferencia doble, una sobre "La ley de la Atracción" y otra sobre "Alternativas al Desempleo, Tu Propio Negocio".

De hecho mientras escribo estas líneas, la portada y la contraportada ya están maquetadas, es obvio que estoy utilizando la visualización y la ley de la Vibración al escribir este libro.

En este libro, se analiza el código vibracional que guía nuestra vida y la influencia que sobre él ejercen los patrones mentales, creencias y emociones que nos acompañan en nuestra vida y que elevan o hunden nuestro estado físico, mental, espiritual y emocional, condicionando nuestro camino por este mundo terrenal.

Veremos que es de suma importancia, el perfecto

equilibrio entre estos cuatro mundos en los que nos desenvolvemos, unos de manera consciente y otros de manera inconsciente.

Podremos deducir la enorme influencia que ejercen las emociones y nuestra mente en nuestra vida y de que forma nos pueden condicionar para lograr aquello que deseamos.

Aprenderemos a ser conscientes, a vivir el aquí y ahora y a programarnos para el éxito, transformando aquellas creencias limitantes que impiden nuestro crecimiento y nos mantienen estancados, conociendo herramientas como el Coaching, la PNL y la terapia Gestalt.

Tengo una fe, una pasión y emoción sin límites y siento que cada palabra que escribo, me acerca un poco más a la publicación del mismo. No me preocupa el contenido ni tan siquiera la editorial que lo publicara, pero si es cierto que cada día veo el libro en las

librerías. Y sé que llegará a la IV edición y al 1.000.000 de ejemplares vendidos." Eso es Fe"

Gracias a todos por compartir conmigo esta aventura, parte de mi misión en esta vida terrenal. Dicen "que somos seres espirituales en una experiencia terrenal".

Capítulo 1

El Mapa Energético Vibracional

De algún modo, llevamos en nuestro cuerpo una especie de hoja de ruta energética que hace de gps en nuestras vivencias terrenales, dicho mapa energético, podemos engañarlo o ignorarlo. De hecho, toda influencia externa, como noticias, moda, películas, eventos deportivos, creencias y patrones mentales... hacen de pantalla, de interferencia momentánea y hace que nos perdamos, que olvidemos hacia dónde vamos, ¿por qué estamos aquí?. Y lo más importante, ¿quién somos? . Debido a este mapa energético en nuestro viaje por esta vida, a veces tenemos choques emocionales con otros seres con distinto mapa energético y éste hace que aunque queramos estar y caminar junto a ellos, la fuerte energía discrepante hace que a la larga no podamos soportar a esa persona o a ese ser, debido a nuestra confusión por dichas interferencias creemos que ese ser, es la persona que debe acompañarnos en el camino de nuestra vida, nos equivocamos una y otra vez y rozamos con estas energías. Sufriendo a cada instante porque en realidad no estamos fluyendo tal como cualquier energía fluye, todo lo contrario, intentamos dirigirnos a nosotros y lo que es peor, a la otra persona, que si permite que esto suceda en su vida será aparentemente perfecta. Pero no prestamos atención a las emociones que oculta la otra persona y que interiormente la están destrozando poco a poco.

En las ocasiones en las que logramos vislumbrar parte de ese mapa de entre las interferencias inducidas externamente, podemos llegar a pensar que nos estamos volviendo locos, que no es normal aquello que creemos sentir o ver. Pero nos parece tan real.... No lo contamos, lo callamos por miedo al qué dirán, a qué pensarán de nosotros. Todo esto se debe a un condicionamiento externo sufrido a lo largo de los años, de mil maneras distintas. Este miedo hace que nos lo guardemos para nosotros y vivamos sufriendo cada vez que vislumbramos un trozo de ese mapa, provocando que lo enterremos nosotros mismos, en vez de coger la pala y desenterrarlo por completo con todas las consecuencias.

En estos tiempos que corren, todos aquellos que tienen un mapa a medio desenterrar causalmente se están encontrando, alineándose, completándose cada uno con el trozo a la vista y ayudandose a completar el mapa. Son seres sin miedo, seres con inquietudes y sobre todo sin miedo a la muerte. La muerte, terrible palabra mil veces pronunciada capaz de hacer temblar y ver lo desconocido al que la escuchaba, aquello que nos habían vendido, aquello que nos daba pavor, el más allá. El no saber lo que estaba detrás de esta vida terrenal.

Gracias a estos tiempos, están saliendo a la luz niños que antes se ocultaban o se intentaba que pasaran desapercibidos, niños raros, con potenciales latentes, que en realidad todos traemos de serie y otros niños que recuerdan, que saben de otra vida o incluso de varias, con todo detalle. Esto cada vez es más evidente y accesible a los demás gracias a Internet que está haciendo que el miedo se disipe y que tengamos claro que estas habilidades o dones en vez de ocultarlas, hay que potenciarlas.

Lo curioso de esto, es que a veces, hay artistas excéntricos, fuera de lo común que expresan estas emociones que les queman por dentro y crean obras de arte que el mundo que les rodea en ese momento no es capaz de llegar a comprender. Algunos de ellos triunfan en vida, otros una vez han muerto, pero todos han tenido la capacidad de comunicar lo que sentían y veían a través de su arte, independientemente de cual fuera su disciplina y lo más importante, sin preocuparles lo que otros dijesen o pensasen de aquello que hacían.

Hemos de llegar a vislumbrar nuestro propio mapa, conseguir desenterrarlo completamente y ejecutarlo tal como nuestra emoción interior al leerlo nos diga. Al hacerlo, nos convertiremos en seres completos, no influenciables por el entorno exterior, por el que dirán, de esta manera nos convertiremos en seres plenos y felices al vivir una vida guiada por nuestras verdaderas emociones y junto esa energía que nos conforma.

En otras ocasiones y debido a esta confusión mental a la que estamos sometidos y a no tener nuestro mapa completo, copiamos patrones de otras personas e intentamos vivir otras vidas, sobre todo porque están mejor vistas socialmente e irremediablemente nos volvemos a equivocar, volvemos a errar en la dirección. Es como intentar estar dentro de una brújula gigantesca aguantando la aguja hacia el sur mientras caminamos hacia el norte, nos provoca un intenso cansancio físico, mental, emocional y como no, espiritual.

Hemos de observarnos, escudriñando cada átomo de nuestro ser, solo así llegaremos a conocernos lo suficiente para saber quienes somos, a dónde vamos y de dónde venimos, ello no nos influenciará convirtiéndonos en lo que no somos, todo lo contrario, nos hará ver quién somos, dejando a la vista el mapa completo. Con él, nuestra vida será diferente, fluida, maravillosa en todos los sentidos y aquel ser que siempre hemos buscado sin encontrar, aparecerá como por arte de magia. Este ser, llegará para acompañarnos, porque con el mapa somos seres completos, no necesitamos que nos complementen, si no que nos acompañen. Todos somos seres completos en nuestra esencia.

Hemos de darnos cuenta de que las distracciones sociales están ahí precisamente para eso, para distraernos, para tenernos ocupados en otra cosa y que no tengamos tiempo de conocernos y encontrarnos. Estando perdidos, sufrimos y cuando sufrimos y estamos mal necesitamos de mil y una cosas, que ya se encargan de suministrarnos a su debido precio.

Este mapa energético tiene su propia vibración y desde el momento de la concepción, ya somos una antena receptora decodificadora de vibración al tiempo que una emisora. Cualquier evento externo tiene su propia vibración y queda impreso en nuestro ser, conformando y modificando en cierta medida el paquete de datos con el que contamos genéticamente. De ahí la importancia de observar el entorno del neonato desde el momento de la concepción, por que su influencia sobre éste es evidente y relevante. Tomemos como ejemplo dos casos, a uno le pondremos cuando la madre ya lo tiene en su vientre música de Mozart, a otro por el contrario, le pondremos música pop o heavy, el resultado cuando este niño tenga dos o tres años es evidente, aun sin llevar a cabo el experimento y ello es debido a la vibración que este niño capta en su ser decodificando energéticamente esa vibración y transformándola emocionalmente.

Capítulo 2

El ser humano como cocreador

Sin faltar respeto a ninguna de las religiones existentes, ni a los creyentes que las practican. El ser humano es co-creador de su destino, es decir, es parte importante en el proceso de creación de su vida.

Cada evento o suceso que nos acontece en nuestra vida, es una llave que abre una puerta y nuestra forma de enfrentarlo, nuestra actitud, es la mano que gira esa llave. Todo lo que nos pasa en la vida es el resultado de cómo nos tomamos un acontecimiento y de cómo inconscientemente vibramos con él.

Cuando en nuestro camino en la vida, algo o alguien se nos cruza "casualmente", realmente no es así, es una causalidad, está ahí para algo, para enseñarnos, hemos de aprender a ser más conscientes, a no limitarnos a mirar, sino a observar atenta y profundamente que pasa a nuestro alrededor. Sólo de esta forma podremos darnos cuenta de donde estamos en ese momento, en ese preciso instante. El pasado ya pasó, y el futuro aún no llegó.

Siendo partícipes de aquello que nos toca cada día, aunque sea simplemente rozándonos por un instante, seremos capaces de ver la vida de otra forma, con otros ojos, en una especie de estado disociado desde el cual las decisiones tomadas son sopesadas de una forma distinta.

Todo esto, aunque parece sencillo, no lo es tanto, puesto que nuestras creencias limitantes y patrones mentales preestablecidos durante nuestra educación, ya sea en el colegio, o en la calle, hacen que a veces nos quedemos encajados, sin salida en situaciones aparentemente simples de resolver, si nuestro estado fuese otro o si fuésemos otra persona ante la misma situación.

La única forma de poder valorar, cómo pueden estar impidiéndonos el avance nuestras creencias y patrones, es poder disociarnos de nosotros mismos, es decir, ver la situación que estamos pasando, desde los ojos de otra persona, solo así podremos ver hasta qué punto nos autolimitados en nuestros deseos. En ese punto, cuando somos capaces de ser conscientes de la situación que estamos viviendo, somos capaces de adoptar la decisión más acertada, siempre viendo la meta hacia dónde nos dirigimos.

"Cuando caminamos sobre la vida, no podemos ver el camino que está bajo nuestros pies, hasta que levantamos el pie de encima".

Marco Solobria

Cuando analizamos aquellas creencias (no referido a creencias religiosas), que creíamos que eran verdaderas y comprobamos, que realmente no eran más que "un modo de ver", empezamos a darnos cuenta que hay otras, que quizás tampoco se sostengan. A veces esas creencias son limitantes y el descubrir que no son ciertas, hace que nos libremos de un tremendo lastre, que nos impedía crecer.

Capítulo 3

El Entorno y su Condicionamiento

El entorno donde nos movemos a diario, ya sea familiar, de amigos o laboral, aun sin saberlo, nos condiciona para conseguir todo aquello que queremos.

Tengamos en cuenta, que el ser humano pese a ser una máquina biológica compleja y perfecta, es fácilmente manipulable e influenciable. A través de los sentidos, recibimos información que almacenamos y manejamos, esa información a veces viene contaminada, manipulada, para que con ello hagamos algo que de otra forma no hubiésemos hecho. Como ejemplo claro son, los centros comerciales y tiendas que están asesorados por verdaderos especialistas en los sentidos, que recomiendan que tipo de música tiene que haber de fondo en función de lo que se vende y el tiempo que quieran que el cliente permanezca en la tienda, una música agradable y tranquila hará que el cliente esté a gusto en la tienda y ello de pie a que tenga tiempo para ver cosas "que podría necesitar", y aunque no fué a comprarlas, mensajes intercalados de ofertas hará que "queramos aprovecharlas". Olores y fragancias adecuados, harán que asociemos esa tienda, a ese olor. Una cafetería que desprende al exterior olor a café y tostadas, nos induce a entrar a desayunar. Tendemos a imitar, si el bar está vacío dudaremos de entrar, si por el contrario está lleno, queremos entrar en él. Los vendedores o comerciales utilizan técnicas de ventas que usan sistemas similares para captar clientes.

Según el entorno en el que nos movamos, tendremos una energía mayor o menor en función de la vibración que emite ese entorno, si es de armonía, estaremos armoniosos, si es de mal humor y discusiones, nos sentiremos malhumorados y estaremos propensos a discutir. Últimamente las grandes multinacionales, promueven las actividades entre empleados y directivos, con fines lúdicos y de comunicación y se ha demostrado que esto aumenta la producción.

Hemos de buscar entonces permanecer en entornos de negativa influencia el menor tiempo posible e intentar estar el mayor tiempo rodeado de entornos y experiencias positivas. En ello también incluye los periódicos con malas noticias, la televisión con películas tristes, malas noticias o aquellos programas que potencian las peleas y discusiones (reality show). Esto lo podemos sustituir por documentales, comedias y revistas de información especializada en algo que nos guste. Este experimento, nos requiere poco dinero y un poco más de esfuerzo, pero les garantizo que el resultado es sorprendente a corto plazo.

La positividad hemos de transmitirla, hemos de vivirla y sobre todo no permitir que se vea afectada por entornos negativos, que la afectarán sin duda alguna.

Cuando somos positivos en nuestro entorno siempre hay alguien que nos pregunta que nos pasa. Cuando iniciamos un proyecto del que estamos totalmente seguros, personas inseguras nos advierten que tengamos cuidado, lo curioso es que esas mismas personas no tienen ninguna experiencia en lo que dicen, porque nunca se arriesgaron a hacer nada.

Si queremos de verdad iniciar algo, si estamos seguros de que queremos hacerlo, hagámoslo. Podemos cosechar un fracaso, que no es más que otra experiencia de la cual aprender o un éxito del que curiosamente, aquellos que nos dijeron "cuidado" opinaran que tuvimos suerte.

Cuando iniciamos cualquier tipo de proyecto, con emoción y una fuerte vibración, podemos tener la certeza de que irá bien siempre, aun cuando el proyecto parezca una locura. Si nos dejamos llevar por la intuición y sentimos emoción al realizar algo, irá bien, independientemente del trabajo que implique realizarlo.

Hemos de sentirnos bien, sentir emoción, podemos tomar esto como patrón vibracional al hacer algo.

A veces no estamos a gusto en un trabajo, y aunque nuestra intuición nos dice que lo dejemos, que busquemos otro trabajo que nos llene más en nuestras vidas, seguimos en él por miedo, miedo a lo desconocido, miedo a abandonar la zona cómoda, miedo a los retos que tendremos que superar, miedo a lo que pensaran los demás, miedo a dónde podemos llegar. Aun así, se puede aprender a transformar el miedo en coraje, no tenemos nada que perder y todo que ganar.

Para explicar esto, os contaré una fábula con la que comprenderéis perfectamente lo que quiero decir. Es la siguiente: Un monje y su discípulo en el transcurso de su viaje a través de pueblos, llegaron a una casa habitada por una familia y pidieron asilo por esa noche. La familia vivía en pésimas condiciones, sólo tenían una vaca vieja. El monje les preguntó, por qué no mataban a la vaca y de esa forma comerían carne y quizás podrían vender el resto. La familia se negó, tenían una vaca que a veces le daba leche. Al día siguiente, el monje y su discípulo siguieron su camino. Al año de este hecho, volvieron a pasar por la casa y el discípulo le preguntó al monje si podrían pasar a saludar a la familia y al entrar, tras saludar, vieron que la familia estaba cambiada, tenían gallinas, cerdos, terneros y algunas cabras, en definitiva vivían sensiblemente mejor. El discípulo preguntó qué había pasado. La respuesta fue esta: "la mañana que os marchasteis, fuimos a ver a la vaca y había muerto, al principio nos aterramos pero luego decidimos hacerle caso. Nos quedamos con un poco de carne y vendimos el resto. Con el dinero compramos algunas gallinas, un cerdo, una cabra y un ternero. Las gallinas empezaron a dar huevos que fuimos vendiendo y con el dinero compramos más gallinas, mas cerdos y más terneros de esta forma tenemos huevos, leche y carne para comer y vender. También compramos cabras, de cuya leche hacemos quesos que también vendemos. Tras despedirse de la familia, el discípulo le dijo ¡que curioso, que la vaca muriera cuando nos fuimos nosotros!, a lo que el monje le contestó ¡Yo maté a la vaca!

"Si somos capaces de matar a la vaca que todos llevamos dentro, podremos crecer, expandirnos y lograr llegar a lugares insospechados"

Capítulo 4

La Vibración y el Entorno

Amor y odio son las dos caras de la misma moneda, son experiencias primarias.

Los tres Chakras inferiores de nuestro cuerpo están asociados al poder de las emociones humanas.

Las emociones han de enfocarse y en ese justo momento aparece el pensamiento lógico, que se asocia a los Chakras superiores del cuerpo. A través del pensamiento, enfocamos y dirigimos las emociones, al pensar en algo volcamos nuestra emoción sobre ello y por tanto nuestra vibración.

Al conectar la fuerza de la emoción, con el enfoque del pensamiento, se crea un sentimiento. Lo que nos dice que, un sentimiento es la unión entre la emoción y el pensamiento. Sentimos con el corazón y al hacerlo vibramos.

Hemos perdido el poder de utilizar el lenguaje interno, gracias al desconocimiento intencionado al que hemos sido sometidos. A cambio utilizamos tan sólo el lenguaje externo.

Hay varias formas de realizar plegarias, pero la más importante y la menos usada por desconocimiento, es aquella donde agradecemos un estado ya concedido. Al disfrutar de ese estado, vibramos en esa sintonía con la creación, y permitimos que se cree ese estado, donde ya somos felices y nos permitimos recibir.

Acerca de este asunto, se han hecho varios experimentos, dando por resultado la certeza de que sin duda el poder de la plegaria, tal como se ha descrito anteriormente es ilimitado.

Este experimento se realizó las suficientes veces, a distintas horas, distintos días y distintos lugares como para descartar el hecho de la *casualidad*.

Estos hechos están documentados en el Journal Conflict Resolucion de 1988 y se le llamó el "Proyecto internacional de Paz del Medio Oriente".

Se comprobó que no era casual, sino causal, se cambiaron los días de la semana, las horas, en fines de semana y prestando atención a la influencia de la luna.

"El experimento consistió en que un grupo de personas empezaran a sentir paz dentro de ellos. Al hacer esto, el efecto vibracional se trasladaba a la comunidad más allá del edificio donde se efectuaba el experimento, creando un estado de paz y armonía". Se determinó estadísticamente que el número exacto de personas para lograr este efecto, era la raíz cuadrada del 1 % del total de la comunidad".

Esto nos lleva a demostrar que es posible cambiar el entorno, a través de nuestro estado interno.

A principios de los 90' se han documentado curaciones, entre ellas la de una mujer con cáncer de vejiga de 7 cm de diámetro calificado de inoperable. El Qi Gong es empleado en China, se aplica profiriendo afirmaciones, diciendo que él/ella puede cambiar su forma de vida, enseñando a respirar, a nutrir su cuerpo y con movimientos que estimulan los centros energéticos del cuerpo. "En la curación de esta mujer concretamente, ella estaba acostada totalmente consciente y creía en el suceso. A través de los ultrasonidos, se fijó la imagen del tumor en el momento de empezar, y junto a ella se ve otra imagen que se mueve, mostrando la evolución de la curación. Tres personas, practicantes del Qi Gong, están parados frente a ella y empiezan a trabajar con la energía de su cuerpo y con sus sentimientos en sus propios cuerpos, entonan palabras que refuerzan el sentimiento de intención de que ella ya está curada. El canto dice "ya está curada, ya está hecho". El tumor empieza a hacerse más pequeño a la vista de todos, en menos de tres minutos en tiempo real desaparece. Ellos transmitían el sentimiento y la vibración de estar en presencia de una persona totalmente sana. "No la ven como una enferma, ni al tumor desapareciendo de ella.

Cuando le preguntaron al doctor que realizó la filmación, ¿lo hubiese conseguido por sí sola, sin ayuda?. La respuesta fue **"el ser humano, se siente más poderoso, si está apoyado por otros, en cualquier cosa que queramos realizar o cualquier meta que deseemos cumplir"**.

Nos cuesta asimilar, que aquello que nos aqueja exteriormente normalmente tiene su origen en el interior y que tenemos el poder de manifestar todo aquello que queramos, en todos los campos. Pero si es cierto, que la condición "sine qua non" es que lo creamos realmente y con ello nos sintamos emocionados. La emoción hace de catalizador para que cualquier pensamiento se materialice, sin importar el modo en que lo haga.

Nuestro entorno, como nuestro cuerpo está en constante cambio, debido a las frecuencias vibracionales que nos rodean y a las que no prestamos ninguna atención.

Cuando nos paramos un momento del ritmo frenético diario, desconectamos del exterior y miramos a nuestro interior, vemos cada vez más claro como estamos influidos por frecuencias vibracionales.

En otro capítulo de este libro exponemos algunos ejercicios para cambiar dicha frecuencia, cuando aceptamos que cambiar nuestra vibración es más un juego que un arduo trabajo, todo empieza a ser más fácil. Nos damos cuenta de cómo estamos vibrando en ese justo momento y podemos cambiar ese estado fácilmente a otro que nos aporte más beneficio a nosotros y a nuestras vidas. Al cambiarlo, hemos de darnos cuenta que no sólo nos beneficiamos nosotros, también lo transmitimos a nuestro entorno exterior cercano.

Posteriormente se realizó un cuarto experimento sobre la paz, gracias al que se comprobó esa influencia al entorno exterior era momentánea, sólo se producía en tiempo real, se manifestaba en el mismo momento que los participantes pedían por la paz, cuando dejaban de hacerlo, estos niveles de violencia volvían a su cota anterior o incluso subían de nivel.

Esto nos lleva a una reflexión interesante. Hemos de estar en un estado continuo de vibración positiva y pacífica, sólo así podremos cambiar el estado de nuestro entorno cercano sin permitir que éste vuelva a su estado anterior. Lograremos con ese hábito, que aquello que queremos adquiera fortaleza y estabilidad. Por este mismo hecho, cuando deseamos algo y a veces lo tenemos muy cerca, se desvanece ante nuestros ojos. Si pudiéramos observar cómo era nuestra frecuencia de vibración en ese momento, nos daríamos cuenta de que no era en nada parecida a como tendríamos que vibrar respecto a aquello que deseábamos. Más bien se parecería a la frecuencia de la duda o el miedo que hacen que desaparezcan inmediatamente todo logro ya conseguido.

Capítulo 5

Vibración y emoción

No cabe ninguna duda de que somos seres emocionales, podríamos llegar a decir que las emociones mueven el mundo.

La emoción, no es un impulso involuntario y según Levenson podríamos decir que son fenómenos psicofisiológicos, que representan modos de adaptación a nuestro entorno, pudiendo distinguir tres aspectos de la emoción:

Desde el punto de vista *psicológico*, altera la atención, sube de nivel algunas conductas en la jerarquía de respuestas del individuo y activa redes de asociación importantes en la memoria.

Desde el punto de vista *fisiológico*, las emociones ponen en marcha rápidamente respuestas biológicas, como expresiones faciales, tono de voz, músculos y el sistema endocrino. A fin de adaptar el medio interno de forma óptima para un comportamiento más efectivo.

Desde el punto de vista *conductual*, sirven para situarnos en nuestro entorno, impulsandonos hacia ciertas personas, objetos, situaciones, ideas, acciones y alejándonos de otras.

Actúan también como depósito de influencias innatas y aprendidas, poseyendo algunas características en común y otras que muestran variación, en función de la cultura, los grupos e individuos.

Gracias a la ontogénesis de nuestro lóbulo frontal y la interacción con nuestra amígdala, tenemos la capacidad de razonar nuestras emociones, dándonos el potencial de dar un uso a nuestra inteligencia enfocado a la ingeniería, imaginando nuevos entornos capaces de suavizar las emociones que más nos agotan.

El hombre puede razonar aquellas emociones que le producen sentimientos, aquellas que no se razonan y pasan desapercibidas, marcan nuestras respuestas involuntarias y pre-definen nuestra manera de comportarnos.

Los sentimientos solo surgen cuando la emoción se hace autorreflexiva y consciente. Los seres humanos podemos controlar nuestras emociones de manera consciente, aunque algunas escapen a nuestro control y se activen de forma involuntaria.No cabe ninguna duda de que los seres humanos, somos seres emocionales y podríamos decir que las emociones mueven el mundo.

Determinadas terapias como la bioneuroemoción, estudia la relación que tienen estas emociones con el desarrollo de enfermedades y dolencias.

Tenemos que tener muy en cuenta, que cuando nos dan una buena noticia nos provoca una emoción que nos hace vibrar de una forma determinada, provocando en nosotros unas respuestas en todo nuestro organismo, de felicidad, tranquilidad, euforia. Con toda la química asociada a esta.

Por el contrario, cuando recibimos una mala noticia, entramos en un estado de shock, que cada persona somatiza de determinada manera, ya que algunas lo manejan inmediatamente disolviendo su efecto en el organismo y otras, al no aceptarlo lo anclan, de manera que empiezan a desarrollar una serie de efectos en el organismo, que pueden originar diversas patologías.

Podemos mediante algunos ejercicios, ayudar a darnos cuenta de cuando tenemos que determinada emoción, reconocerla y manejarla de forma que no nos dañe y cómo darnos cuenta de cuando tenemos una que nos beneficie e impulsarla.

Hemos de ser conscientes de que en el justo momento en que notamos una emoción ya estamos emitiendo frecuencias vibracionales y por lo tanto pidiendo más de eso que estamos sintiendo y si es sufrir con algo, volverlo a sufrir una y otra vez. Hemos de cortar estos ciclos y para ello hay que reconocerlos. Una vez los reconocemos, sabemos cómo apaciguarlos hasta que desaparezcan.

Capítulo 6

La vibración y el agua

El doctor Masaru Emoto de la Universidad de Ciencia y Humanidad de Yokohama, lleva años estudiando la estructura y comportamiento del agua. Al congelar muestras del agua de Tokio, observó que no formaba cristales. Curiosamente, al colocar papeles con frases positivas, como "amor", "te queremos", "gracias", "estamos agradecidos por tenerte", formaba cristales preciosos. Por el contrario, al colocar en esos papeles frases y palabras negativas como: "odio", "miedo", "no te queremos", de nuevo no formaba cristales. Es importante el hecho de que daba igual el idioma en que estuvieran escritas esas palabras.

Personas seguidoras de los estudios del doctor Emoto, colocaron dos frascos con arroz hervido, cada uno de ellos con frases distintas, uno con positivas y otro con negativas. Al mes del experimento, el de las palabras y frases positivas, mostraba un aspecto bueno, el arroz estaba blanco y el olor era agradable. Por el contrario, el arroz que portaba en su cristal palabras y frases negativas, tenía un aspecto negro y gris y al abrir el tarro, desprendía un olor desagradable.

Gracias a la colaboración de personas que seguían las investigaciones del doctor Emoto se realizó otro experimento, que consistió en citar a un grupo de personas y tomar dos muestras de agua de Tokio, a una de las muestras se le mandarían pensamientos positivos, a la otra nada. A este grupo de personas se las reunió alrededor de una mesa y se les pidió que pronunciaran en voz alta afirmaciones positivas, reunidos alrededor de una mesa redonda con un tarro de muestra de agua encima. Tras esas afirmaciones positivas en voz alta, se les pidió que en silencio mandaran a la misma muestra, los mismos pensamientos positivos durante un minuto. Tras esto, se congelaron ambas muestras durante tres horas, a las que se le mandaron emociones positivas y las otras muestras. El resultado es espectacular, la muestra que no fue afectada por esos pensamiento positivo, mostraba formas deformes y oscuras, sin cristales. Por el contrario, la muestra que fue afectada por los pensamientos positivos de los participantes en el experimento, formaba muestras perfectas, claras y formaba un pequeño cristal, que iba poco a poco aumentando de tamaño.

Este experimento, demuestra perfecta y claramente el poder del pensamiento y las palabras y su vibración sobre el agua.

Ahora, deberíamos pensar un poco acerca de este

experimento y la relación que tiene con nuestro cuerpo. Nuestro cuerpo contiene cerca del 70% de agua, ¿No podríamos pensar que tal como afecta al agua, las palabras y los pensamientos nos pudieran afectar de igual manera a nosotros, a nuestro organismo?

Observemos, que cuando se le mandan palabras de amor a una planta, cuando se le da más atención, crece mucho más rápido y fuerte. ¿No podríamos pensar, que una persona que esté sometida a noticias negativas, a comentarios destructivos en su entorno de amigos y familiares y que en su trabajo reciba pocos sentimientos positivos, tales como amabilidad y alegría, esté influenciada a diario por informaciones de todo tipo que son de carácter negativo?. Esto le podría estar provocando un estado de total frustración, desencanto y tristeza que podría reforzar o incluso crear enfermedades de toda índole en su cuerpo y mente.

En la actualidad, la Universidad de Salamanca está haciendo estudios similares sobre el comportamiento del agua.

Tengamos en cuenta, que no sólo nosotros tenemos un alto contenido en agua, la cerveza, el vino, todos los líquidos que bebemos a diario, muchas de las comidas se cocinan con agua y los propios alimentos contienen agua, incluso una madera que conforma la pared de nuestra habitación contiene cierta humedad relativa y por tanto agua.

Si bebemos, cocinamos y comemos estos alimentos en un entorno de felicidad, armonía y buenas relaciones, ¿No es posible, que el agua absorba todo esto y nos lo traslade a nuestro interior, aportandonos felicidad, armonía y buenas relaciones?

Desde mi punto de vista personal, sin duda alguna, es así. En la medida de mis posibilidades quise hacer un experimento acerca de este tema, el agua y su capacidad transformadora. Lo que hice fue lo siguiente. A una amiga cercana que tenía problemas en su casa, específicamente alteraciones en la conducta entre sus hijos, siempre se estaban peleando por todo. Le hablé del agua y sus posibilidades de captar información, ya fuese con palabras escritas, habladas o con pensamientos. Lo que ella hizo fue tomar una botella de agua y sin decírselo a sus hijos, empezar a hablarle con amor "gracias agua, por traer armonía a mi casa", "gracias por la paz que nos transmites" y a continuación la tomaban tanto ella, como sus hijos(que no sabían nada sobre esto). Me comunicó que a los dos días, empezó a notar un cambio de actitud en sus hijos, apenas se peleaban, las conversaciones empezaron a fluir en un tono más tranquilo y sosegado. Hay que decir, que se lo tomó muy en serio, si durante el almuerzo se alzaba la voz o se discutía, el agua era retirada y sustituida por otra botella, de las mismas características, porque según ella, tal como capta lo bueno, capta lo malo y lo refuerza.

Me interesó y me aportó mucho las conclusiones

del Doctor Emoto, pero más aún las conclusiones de mi amiga, porque fue un hecho más cercano y fácilmente contrastable. Decir que a día de hoy lo sigue haciendo y su relación con sus hijos ha cambiado totalmente.

Desde este libro les reto a que lo prueben, es un experimento barato e inocuo, tan sólo tienen que mandarles al agua aquello que desean en sus vidas, tranquilidad, paz, armonía, etc. Lo pueden hacer pegándose una etiqueta con aquello que quieren en la botella y reforzandolo con pensamientos positivos, hablándole a esa agua. Esto provoca una vibración que captará dicha agua y la transmitirá al agua del cuerpo que la ingiera. Les insto, a que realicen el experimento, me encantará escuchar o leer sus conclusiones, en este libro aparece mi e-mail, donde gustoso leeré sus escritos.

Todos estos experimentos me llevaron a la conclusión de que tanto el pensamiento como la palabra, tienen su propia vibración y por lo tanto aquello que transmitimos tiene su propio código encriptado. Aunque no podamos verlo o transcribirlo, estamos a cada instante cambiando con nuestra frecuencia de vibración, tanto nuestro cuerpo como nuestro entorno exterior.

Capítulo 7

La Vibración y las Enfermedades

Como ya sabemos, la vibración y la emoción están íntimamente ligadas. Tanto, que cada vez que pensamos en algo y sentimos una emoción, vibramos. De hecho estamos vibrando a cada instante, somos seres emocionales y por lo tanto seres vibratorios. A cada momento estamos emocionandonos en distinto grado y de distinta forma, de acuerdo a nuestro entorno exterior y condicionados por nuestras creencias y patrones mentales.

No emitimos la misma vibración a primero de mes cuando vemos nuestro sueldo ingresado en la cuenta, que a fin de mes al ver lo que nos queda.

No vibramos igual cuando estamos felices por algo y todo el mundo nos ve brillando y nos dicen que se nos ve distintos, que qué nos pasa, que cuando nos dan la noticia de que en breve se harán recortes en la empresa.

Pues con las enfermedades y dolencias pasa exactamente igual, un conflicto emocional aun siendo el mismo en dos personas, es somatizado de forma distinta. Una puede manifestar que está muriéndose y la otra que está pasando un resfriado. La única diferencia entre estos dos casos, es en sí misma la vibración que emite cada una de estas personas conviviendo con su enfermedad.

Otro caso es el de dos personas en sillas de ruedas con el mismo grado de incapacidad, una está deprimida por su estado, se siente excluida, víctima, está agobiada, deprimida y triste. La otra está esperando ansiosa que amanezca para poder empezar la rehabilitación, para poder ver la luz de un nuevo día, para recorrer las calles oliendo el nuevo día. En cada una de estas personas se produce un estado mental y físico distinto debido a su propio estado vibratorio. Es ella misma y su vibración la que marca la diferencia con la misma enfermedad.

Si fuésemos capaces cada vez que sufrimos un dolor de cabeza, de parar un poco el ritmo frenético de vida al que estamos acostumbrados a vivir y observar qué hecho nos aconteció antes del dolor de cabeza, nos daríamos cuenta de que dicho dolor surgió tras un hecho o conflicto en cualquier grado, que hizo que nuestro cuerpo empezará a vibrar en una sintonía y por lo tanto cambiase esa frecuencia de vibración, transformando lo que nuestro cuerpo interpreta y somatiza.

Personalmente asemejo el cuerpo humano a una radioemisora. Puede emitir vibración y puede recibirla, sea buena o mala para la persona en cuestión.

Porque no nos enseñaron a sintonizarla, no nos dijeron que el botón que selecciona las emisoras tanto para emitir como para recibir lo podemos manejar nosotros, está en nuestro poder. Si tenemos tristeza por un determinado hecho, pero alguien nos ayuda sacándonos de ese estado, obligándolos a cambiar de sintonía, por ejemplo llevándonos a cenar, inmediatamente cambiaremos nuestra vibración. Nuestro estado interno y externo cambiará.

No es sencillo, pero si fácil, la práctica hará que el dolor de cabeza se disuelva en segundos, cuando nos damos cuenta de que lo ha provocado y cambiamos nuestro estado vibratorio.

Cuando vibramos, bien como una cadena de radio bien sintonizada y se produce una interferencia que no resolvemos, la calidad con la que emitimos y recibimos se pierde comenzando los problemas. La rueda para sintonizar estas vibraciones es la emoción, cuando cambiamos de una emoción a otra, ya sea inconscientemente o conscientemente nuestro exterior y nuestro cuerpo físico entran en un estado de transformación forzoso. Porque han de estar en un estado de sintonía, con nuestro estado interior. Este proceso es tan poderoso que alcanza incluso a nuestro entorno cercano.

Otro ejemplo para explicar esto, es el de dos imanes unidos cara positiva con cara negativa, si giramos uno para que ofrezca la cara positiva el otro girará inmediatamente para ofrecer la cara negativa. Nosotros al igual que los imanes podemos cambiar de estado a voluntad, en un instante.

Teniendo la intención de hacer algo, surge un pensamiento y aparece una emoción ligada a él, que provoca una vibración determinada y pide sintonía. *Este es el Código de la Vibración.*

El código de la vibración nos habla de la sintonía de estar conectados a lo que hacemos, de ser responsables de cada cosa que recibimos, porque de hecho la hemos pedido y no podemos culpar a otros porque la hayamos pedido sin saberlo, de manera inconsciente, sabiéndolo pero sin tener conciencia de ello.

Nuestro subconsciente nos habla a través de nuestra manifestación exterior, aquello que se cuece en nuestro interior hierve y acaba saliendo al exterior manifestándose físicamente. Si observamos nuestro estado anímico, físico y mental, sacaremos un patrón que nos dirá claramente que pasa en nuestro interior. Cuando nos damos cuenta de esta interacción, podemos cambiar nuestro estado a voluntad.

"Todo lo que es arriba, es abajo.

Todo lo que es adentro, es afuera"

Tabla Esmeralda,
3000 a.C.

Nada ni nadie en el exterior, es responsable de nuestro estado actual. Es nuestra forma de encajar los eventos cotidianos, lo que nos hace vibrar de una determinada manera y con ello empezamos a atraer a nuestra vida eventos y situaciones de la misma índole. Por esto mismo, todo lo que nos pasa en la vida es causal y no casual, aunque nos resulte más fácil y cómodo delegar la responsabilidad en lo casual.

"La Energía no se crea ni se destruye, solo se transforma"

Ley de la conservación de la Energía, Lavoisier

Capítulo 8

El nivel vibracional del amor

El nivel de vibración que posee el amor es el más alto en la escala vibracional. Podemos verlo por ejemplo, en el hecho de que cuando estamos ciegamente enamorados prácticamente no enfermamos, estamos vibrando a un nivel en el que no nos preocupamos por otra cosa que por amar, dando todo lo que podemos de nuestro ser. Al dar sin esperar nada a cambio, nos ponemos en disposición de recibir más de lo que hemos aportado.

Debemos ser sinceros con nosotros mismos, no auto engañarnos, cuando echamos la culpa a otros de nuestro estado nos estamos engañando, no queremos ver que hay algo que estamos haciendo mal, que va en contra de lo que queremos conseguir.

Debemos estar en sintonía, alineados con lo que sentimos, decimos y hacemos, sólo entonces la maquinaria de la creación empieza a funcionar correctamente y nada ni nadie puede pararla excepto uno mismo, porque él es el dueño de esa maquinaria.

A veces nos pasa que por no querer asumir la responsabilidad de aquello que nos aqueja, no podemos tomar conciencia y por eso no podemos cambiar nuestro estado.

Cuando tenemos deudas, el problema real no es tenerlas, sino agobiamos por ellas, por que en ese momento estamos emitiendo una vibración de necesidad y entonces no permitimos otro estado. Cuando nos liberamos de ese estado cambiando nuestro enfoque y empezamos a fluir permitiendo que el bienestar fluya a través de nuestra experiencia, nos liberamos, haciéndonos sentir más libres y ligeros.

Si amamos nuestro trabajo, nos sentiremos bien con lo que hacemos y en consecuencia estamos vibrando en una frecuencia alta, lo que hará que empecemos a crear y surjan relaciones y experiencias en nuestra vida de forma creativa y feliz.

Cierto es que algunas personas desconocen estos hechos, aun así les va bien y son felices en sus vidas. Pero tengamos en cuenta que el hecho de no ser conscientes de ese conocimiento, no nos libera de que el subconsciente sí lo reconozca y lo aplique de forma automática.

Podemos aplicarlo de forma consciente, haciéndolo repetidas veces con fe y el subconsciente lo integrará para ejecutarlo de forma automática.

Si comprobamos que esto funciona, que lo hace, nada mejor que compartirlo y hacer partícipes a otros de este saber y de esta forma volvemos a vibrar en la frecuencia del amor al dar, simplemente por el hecho de mejorar la vida de otros sin esperar nada a cambio.

Porque cuando damos desde un lugar distinto al amor y esperamos algo a cambio de lo que hemos dado, es seguro que no recibiremos, en cambio lograremos un estado de frustración y desesperanza, que no hará nada más que empobrecer nuestra existencia terrenal.

Fijémonos sólo como anécdota en las recomendaciones filosóficas de algunos santos, gurús o profetas sobre esto, Teresa de Calcuta, Buda, Gandhi, Jesucristo, o Alá, incluso personajes como Kennedy, Jonh Lennon, entre otros. Todos ellos desde distintos puntos de vista, trataban de transmitir el valor intrínseco de la frecuencia vibracional del Amor.

Capítulo 9

¿Qué es la Ley de la Atracción?

La Ley de la Atracción, es una de las Leyes Universales que rigen nuestro Universo, es tan inmutable como la Ley de la Gravedad, o la ley de Vibración.

La Ley de la Atracción, se basa en el principio de la vibración, todo lo que conforma nuestro universo vibra. Hasta lo que aparentemente es inerte. Si conseguimos desear algo con fuerza y claridad, es decir, si nuestra mente es capaz de visualizar claramente nuestro objetivo y tenemos fe absoluta, vibramos en una sintonía, que provocará que nuestro deseo se vaya haciendo realidad. Poco a poco irán apareciendo personas y nos sucederán cosas, que nos irán acercando a la realización material de aquello que deseamos, sin tener que preocuparnos por cómo sucederá.

A través de nuestros pensamientos, podemos vibrar en sintonía con aquello que queremos conseguir, a través de la emoción que ponemos en todo lo que hacemos o queremos conseguir, alcanzaremos un grado de vibración que nos sintoniza con la fuente. Esta fuente, de la que estamos desligados debido al desconocimiento total acerca de ella.

Esta fuente, es la fuerza creadora y nosotros, a través de nuestra emoción y la vibración, podemos ser co-creadores de nuestro entorno. Todo lo que nos rodea y los eventos que aparecen en nuestra vida, son producto de nuestro pensamiento o de nuestra forma de pensar.

Por medio de nuestros pensamientos, podemos lograr nuestros objetivos. Cuando tenemos pensamientos de alegría, amor, tranquilidad... vibramos y atraemos en ese estado situaciones semejantes.

*"Lo que piensas y sientes hoy, creará
tu futuro mañana"*

En tres sencillos pasos podemos comprobar
que la Ley de Atracción existe y funciona:

1. **Pedir**: Escribiendo y sintiendo en tiempo presente que aquello que deseamos ya lo tenemos, que ya estamos disfrutando de ello.
2. **Creer**: Con fe inamovible en algo que no vemos, sin preocuparnos por cómo ocurrirá, poco a poco, se nos irá mostrando el camino, aunque es muy importante no dejar que aparezca ni el más mínimo atisbo de duda.
3. **Recibir**: Seguir sintiendo que ya disfrutamos de aquello que queremos y en el momento que nos llegue, agradecer.

Empezando con cosas sencillas, iremos adquiriendo seguridad en que el proceso funciona y paulatinamente podremos incrementar el tamaño de aquello que queremos conseguir, con la certeza y el convencimiento de que se nos concederá.

Este proceso, es el proceso de la visualización, de la imaginación creativa, millones de personas alrededor del mundo utilizan esta fórmula a diario, consiguiendo que sus vidas se tornen tal como ellos desean.

Hemos de actuar cuando llegue el momento, sin miedo, no nos preocupemos por el **"cómo pasará"**, sólo demos el primer paso con fe y el resto del camino irá apareciendo paso a paso y todo ello será atraído por la frecuencia en que estemos vibrando. Esta fórmula, es aplicable a todo, una taza de café, una llamada de un amigo, aparcar el coche cerca de nuestro destino…

"Actualmente somos el resultado perfecto de lo que hemos pensado anteriormente"

Hagamos una lista de aquello por lo que estamos agradecidos, valoremos lo que poseemos, sintiéndolo y esto atraerá más de aquello por lo que estamos agradecidos.

Tenemos que evitar centrar nuestro pensamiento y nuestra emoción en aquello que no queremos, "No tengo el coche que quiero", "No tengo a mi lado a esa mujer que me gustaría", etc. Todo esto no hace más que hacernos vibrar y atraer ese mismo estado en el que ya estamos.

Al visualizar con claridad aquello que buscamos conseguir, hemos de verlo, olerlo, sentirlo, oírlo y saborearlo claramente y repitiendo estas sensaciones con constancia, con este proceso iremos materializando nuestro objetivo. Hemos de ser pacientes, manteniendo la fe en que conseguiremos nuestro deseo, si pensamos **"que no funciona"**, perderemos todo aquello que habíamos logrado hasta el momento y quizás estemos únicamente a un paso de lograrlo.

"La imaginación lo es todo, es una visión preliminar de lo que nos sucederá en la vida"

Albert Einstein

Capítulo 10

Cómo podemos explicar la Ley de la Atracción: ADN y Vibración

Para entender el funcionamiento de la Ley de la Atracción y de otras Leyes Universales, primero hemos de entender que en nuestro Universo hay cosas que no vemos, aunque están ahí.

Lo primero que hemos de entender es que estamos inmersos en un campo de energía, también llamado **"campo etérico"**. Este campo etérico, se empezó a estudiar alrededor de 1800, gracias a un movimiento espiritual, que provocó un gran debate acallado en el tiempo, en el que se debatía si existía o no este campo.

Relacionados con este movimiento espiritual acerca del campo etérico, se efectuaron tres experimentos que sacuden fuertemente los fundamentos de la física y el funcionamiento de nuestro mundo. La conclusión, es que estamos conectados a través de un campo de energía.

El primer experimento, lo efectúo el físico

ruso Vladimir Poponin, a principios de los 90', concluyó sus experimentos en Estados Unidos. Poponin, analizó la relación entre el ADN humano y las cosas que hacen o forman nuestro mundo. Los paquetes de energía o Fotones.

"En un tubo de vidrio, se practicó el vacío, hasta dejar el tubo sin contenido alguno. Sabemos que en el interior quedaron sólo pequeñas partículas de luz, o **fotones.** Poponin, midió la disposición que tomaban los fotones en el interior del tubo, y advirtió que ésta era aleatoria y dispersa. Entonces, colocó una muestra de ADN en el tubo y la sorpresa al volver a medir los fotones en el interior del tubo, era que éstos habían copiado perfectamente la forma del ADN.

Se procedió a sacar la muestra y se volvió a medir el resultado, sorprendentemente los fotones seguían conservando la misma disposición del ADN, aun sin estar presente.

Se le llamó "el experimento del ADN fantasma", porque los fotones conservaban la forma del ADN.

Este experimento demostró que el ADN, se comunica con las partículas que conforman nuestro mundo. Estos paquetes de energía se comunican por medio de un campo, que la ciencia llama campo nuevo, pero la realidad es que siempre ha estado presente.

El segundo experimento, lo llevaron a cabo los militares y consistió en lo siguiente: "Tomaron muestras de ADN de un donante y las colocaron en un aparato capaz de percibir las variaciones en el estado de la muestra, al tiempo que el donante estaba en la habitación contigua. Se sometió al donante a estímulos emocionales, que provocaban en él sensaciones emocionales genuinas, como la alegría, el miedo, la tristeza, la ira, entre otros. En la otra habitación y al medir el estado de la muestra de ADN, ésta mostraba idénticos estados a los que sufría el donante, en tiempo real.

El primer experimento de este tipo se llevó a cabo con una separación de 4,57 m entre el donante y la muestra, en el segundo el donante estaba en Phoenix y el ADN estaba en los Ángeles, ambos con el mismo resultado.

Queda con estos dos experimentos claro que, estamos conectados con nuestro ADN, a esta energía de conexión, se la llama energía no-local, o que está presente en todo momento y lugar.

El tercer experimento, fue realizado por el Instituto Heartmath, situado en California.

"Analizó el corazón humano como algo más que una bomba que transporta la sangre por nuestro cuerpo. Descubrieron que el corazón es el campo magnético más grande del cuerpo y que el campo electromagnético que produce, se extiende más allá del cuerpo físico. Este campo que va más allá del cuerpo, tiene forma de tubo y se le llama "Tubo Toro", se extiende entre 180 cm y 240 cm fuera del corazón humano."

"Tras este descubrimiento, sometieron a varias personas a estímulos externos para que sintieran amor, odio, compasión, ira...Al someter el corazón a estímulos de amor y compasión, el ADN se mostraba relajado y expandido, este estado fortalece nuestro sistema inmunológico, en cambio en las de odio, ira, desprecio, el ADN se mostraba rígido, contraído, deprimiendo así nuestro sistema inmunológico, como si impidiese activar esos interruptores de respuesta en el ADN".

En función de las emociones que estemos sintiendo, o exponiendo a nuestro organismo, logramos un estado positivo o negativo en nuestro ADN.

Hoy en día estamos empezando a comprender estos poderes internos que fueron descritos en la antigüedad, con su propio lenguaje.

Ninguno de estos experimentos, tenían constancia de la realización de los otros dos, es decir, no estaban en manera alguna relacionados entre ellos.

De estos tres experimentos, podemos sacar algunas conclusiones bastante poderosas y demostradas científicamente.

-.El ADN de nuestros cuerpos, tiene un efecto directo en aquello que conforma nuestro mundo, en los objetos físicos que lo componen, partículas de energía o fotones.

-. Las emociones humanas tienen la habilidad de cambiar nuestro ADN, teniendo así efecto en el mundo que nos rodea.

-. Aunque estemos separados a miles de kilómetros, los resultados son los mismos, no estamos separados por el tiempo y el espacio. Esto demuestra que tenemos un poder interno, que no está atado a las leyes físicas. Por el contrario, algo que está dentro de nosotros como las emociones, pensamientos, creencias y plegarias transgreden los límites del tiempo y el espacio tal como lo conocemos.

Las civilizaciones antiguas tenían muy claro estos principios. Podemos con nuestros pensamientos y emociones cambiar nuestro mundo, nuestro entorno, cuidando nuestro cuerpo y atrayendo felicidad a nosotros y a nuestras familias.

Capítulo 11

¿Por qué observar lo que pensamos?

A diario, a cada momento, estamos creando nuestro futuro inmediato con nuestros pensamientos. Cada uno de nuestros pensamientos y emociones vibran de una forma determinada y en función de esa vibración se forma nuestra realidad. Hemos de tener en cuenta que la realidad la conformamos nosotros con nuestra forma de vibrar. Podríamos decir que *"vivimos la vida que creamos con nuestra vibración".* Si pensamos en hechos cotidianos o incluso extraordinarios en nuestras vidas, veremos la asociación que tienen con nuestro nivel vibracional y estado emocional, dándonos cuenta de que realmente esto funciona así.

Con cada pensamiento surge una emoción determinada que empieza a vibrar y esta vibración nos trae eventos similares a esos pensamientos, como si se tratase de un fenómeno de magnetismo.

"Toda vibración atrae a sus iguales"

Cuando pensamos que la vida nos va mal, que no merecemos lo que tenemos, que no somos lo que queremos ser, empezamos a vibrar en carencia, en un nivel vibracional bajo, que atrae inmediatamente a eventos y personas del mismo rango vibracional, o sea que cada vez estamos peor.

En cambio, si vibramos en la frecuencia del amor aparece todo aquello que está en ese nivel vibracional, parece como si quisiera bailar en la misma pista de baile. Cuando somos conscientes de este hecho, nuestra vida puede empezar a cambiar.

Los acontecimientos diarios a veces nos perturban, cambiando constantemente nuestro nivel de vibración. Día a día al enfrentar dichos acontecimientos hemos de observar cómo nos sentimos, para así poder darnos cuenta de cómo estamos vibrando.

Si nos acontece algo y nos sentimos mal por ello, hemos de cambiar el enfoque con que vemos ese evento y así al transformar cómo nos sentimos ante él, cambiando nuestra emoción y vibración, obteniendo así un resultado diferente.

"No son los eventos de la vida lo que nos condicionan, es la vibración del estado emocional en que nos sumimos al enfrentarlos"

Cuando observamos cómo nos sentimos en el justo momento de recibir una noticia o tener un suceso, tomamos conciencia de dónde estamos y cómo estamos vibrando ante él. Entonces si estamos preparados para reconocer nuestro estado vibracional y si sabemos cómo cambiarlo rápidamente, podemos evitar que nos afecte negativamente. Podemos así transformar un hecho que podría desembocar en angustia, depresión, estrés, en otro muy distinto que no nos afectaría en la misma medida o al menos no provocaría estos síntomas no deseados. Simplemente cambiando el enfoque con que lo vemos y cambiando así el nivel vibracional.

Como ejemplo, pongamos que en nuestra empresa prevén hacer reducción de plantilla y aunque no pensemos que podamos ser una de las personas afectadas, nos comunican que formamos parte del grupo en cuestión. Podemos decidir cómo nos afecta cada evento de nuestra vida, por que aunque es cierto que dicho evento no cambiará, nosotros sí podemos decidir y cambiar como nos va a afectar.

Podemos adoptar dos posturas:

Una analizar y pensar que somos parte de ese grupo que se irá de la empresa, "porque no servimos", "no somos los mejores", "podríamos estar más preparados", "Somos demasiado mayores" y un largo etc., de excusas vibracionalmente negativas que nos sumirán en un estado oscuro y cada vez más fangoso del que nos costará salir. Este estado nos provocará ira, depresión y culpa entre otras dolencias, llevando a nuestro cuerpo y mente a sufrir estos síntomas nada deseables.

Y la otra, pensar y vibrar en otro tipo de observaciones más positivas que nos llevaran a un estado totalmente distinto, como "ya tengo tiempo libre para buscar el trabajo que me gusta", "por fin, ya no tendré que aguantar más a ese jefe", "Ahora podré iniciar ese negocio que siempre desee", "Tendré más tiempo para estar con mis hijos" y un largo etc.

Aunque el suceso no cambió, nuestra percepción sobre él si lo hizo y esto provocará instantáneamente una vibración distinta, que hace que no se inicien estímulos negativos en nuestro interior. A través de la vibración, no podemos cambiar el acontecimiento pero sí cómo nos afectará emocional, física, mental y espiritualmente.

Puede parecernos increíble que depende de cómo enfoquemos, un hecho así nos afectará en los cuatro planos, pero podemos comprobarlo perfectamente en cualquier momento. Lo bueno de esto es que una vez observado y reconocido, tenemos poder de decisión sobre él.

Podemos afrontarlo como un trabajo arduo y penoso o como un juego y cada vez nos será más fácil resolver los conflictos que nos suceden a diario, porque hemos de tener en cuenta que la vida no es más que una suma de sucesos y que la felicidad real está en disfrutar del camino y no en la meta en sí.

Capítulo 12

¿Por qué no conseguimos aquello que queremos?

Las personas en general, el ser humano como ser, se desorienta en el proceso de la educación, el roce con el entorno, con las creencias, con la religión, con su familia. Crea llagas, que para curar precisan de un apoyo. Pero este apoyo, debido al estado que el ser humano busca de comodidad, en vez de buscarse en el interior, en su guía propio e intrínseco, se busque en el exterior. En convicciones de otras personas que encajan perfectamente, sin dolor y miedo con nuestra necesidad de orientación. Sin pensar que esa orientación no es nuestra, es de otros, de su camino.

Ello nos lleva a un camino prestado. A un camino carente del disfrute emocional del propio enfoque, es como ver la vida con los ojos de otro. Todo gurú verdadero, no ha de guiar a todo ser humano desde su enfoque. Ha de hacer ver que cada uno tiene su enfoque sobre su destino y que lo puede escribir a diario, este destino que se reescribe por uno mismo, nos lleva allá donde hemos de estar.

Si por el contrario, debido a la necesidad de como-didad y el deseo de no-soledad nos colgamos de los hombros del gurú, del profeta… caminaremos sobre sus pasos sin analizar el para qué. El ser humano tiene sus propios pies, que crean sus propios pasos. Nadie en este mundo necesita un gurú, ni un profeta que guíe sus pasos. Por el contrario, sí precisa un vi-sionario que sea capaz de hacer ver a ese ser espiri-tual con experiencia terrenal, aquello que necesita para llegar alcanzar su estado espiritual, libre de todo yugo externo.

A veces, lo cómodo para el ser terrenal, es caminar sobre un sendero ya hecho, ya caminado antes. Lo difícil, aquello que nos da miedo, es caminar fuera de la senda marcada, por aquel camino no pisado. Eso, "el miedo" es el gran limitante, el bloqueo que puede hacer que nos pudramos por dentro, a causa de "no ser capaces". Hemos de ser valientes de tomar el camino incómodo, el camino de piedras por el que cuesta trabajo caminar. Pero para crecer, para vivir una vida plena hemos de hacerlo, hemos de luchar, de sufrir ese cambio, ese trauma, un trauma que dura segundos en una eternidad.

Al cambiar, al sufrir ese cambio que deseamos con toda nuestra alma pero que nos da miedo, logramos dar un paso, un simple paso que nos hará libres, li-bres del yugo de "aquella comodidad obligada e ins-taurada a través de nuestra educación, creencias y entorno".

Es como querer tener un buen fruto de un árbol que no hemos plantado, por miedo a sudar mientras cavamos el agujero, para plantar ese árbol que nos dará el fruto.

> ***"Dicen que quien algo quiere, algo le cuesta"***

> Dicho popular

Es obvio que tenemos que labrar para cosechar, pero a veces es mucho más sencillo conseguir aquello que queremos, tan solo hemos de creer que llegará. Hay que sentirlo, lo que provocará la vibración particular y singular que hará que el universo se alinee y nos lo provea.

Alguien solía decir *"Dios proveerá"*. Pero si creemos que dios nos proveerá sin permitir que suceda, debido a nuestra duda, *"dios fallará"*. Tendemos a echar las culpas a terceros cuando realmente el fallo es nuestro, es interno.

Nuestro enfoque, también nos lleva a errar en nuestra búsqueda, a veces nos perdemos en detalles, en nimiedades que nos hacen dar vueltas y vueltas alrededor de ese objetivo. Damos vueltas en círculo, cuando poniendo un poco de acción, conseguiríamos dirigirnos poco a poco a nuestra meta. Yo, lo imagino como si estuviésemos en el espacio, en gravedad cero, estamos dando vueltas sin dirección. Pero si añadimos una pizca de intención, de acción, adquiriremos esa inercia necesaria para ir hacia nuestro objetivo.

Teniendo en cuenta que nuestras creencias, entornos y educación, entre otros, crean fuerzas que nos hacen desviarnos de nuestro objetivo. Hemos de cuestionar, razonar, es decir, no admitir un hecho por real, por el simple hecho de que nos sea impuesto, quizás no estemos de acuerdo. Nuestro objetivo se desvanece, cuando alguien nos dice que no estamos capacitados para ello, que no servimos, que estamos locos o que no sabemos lo que hacemos.

Cuando cuestionamos, logramos entender que esas cosas que nos dicen son aplicables a ellos mismos, que los locos pueden ser ellos, por no intentarlo, que los que no sirven, pueden ser ellos simplemente por que se lo creen, que los que no están capacitados, son ellos por miedo a salir de esa zona cómoda. La capacitación se adquiere, si se quiere.

Nosotros podemos cambiar, reescribir nuestro destino, simplemente pensando que podemos hacerlo. Al hacer esto, abrimos la puerta del poder ser, del poder hacer, de conseguir aquello que otros dicen que es imposible, tan sólo por que no intentan hacer nada para cambiar.

Podemos hacer, ser y tener todo aquello que queramos, si creemos que sucederá, si creemos que con nuestra acción damos paso a la posibilidad de que se pueda realizar.

Poniendo mi ejemplo personal, viniendo de la construcción, era impensable e irrealizable (para la mente de otros) que escribiese este libro y diseñar, maquetar y editar una revista de terapias alternativas. Les voy a decir como lo hice. Dejé de escuchar a mi exterior, dejé de ver la televisión, de escuchar la radio, de tener discusiones por temas banales, de escuchar chismorreos y conseguí el estado de silencio. En ese estado, empecé a escucharme, a hacerme caso, retome el poder de la intención, quería hacerlo y lo haría. Si aparecía un lago en mi camino lo cruzaba y si aparecía una montaña la rodeaba. Mientras otros pensaban que perdía mi vida social y mi tiempo, lo que realmente estaba haciendo era abrir puertas y ventanas para que mi conciencia se airease. Respirando ese aire limpio, que hizo que fuera informándome de todo lo necesario para lograr mi objetivo. En el caso de la revista, obtuve un programa de diseño y empecé a jugar con él hasta dominarlo en la suficiente medida como para poder crear la maquetación de la revista. Es comparable a tener un hijo, cuando está ya en la calle tras un proceso de concepción, nacimiento, alimentación y crecimiento. Parece realmente increíble, echando un rápido vistazo atrás, uno se da cuenta que realmente mereció la pena, que ese tiempo fue invertido, que no perdido. El crecimiento personal es grandioso y de hecho a cada paso, uno crece un poco más y se convierte en mejor persona.

El problema real que no se quiere ver, es que el ser humano está sumido en un adormecimiento de la consciencia. Todo le da igual, no lucha, su espíritu guerrero, de ser mejor, de crecer y evolucionar, está metido en una caja hermética, guardada en el desván. No se le presta atención al inmenso poder que tenemos para cambiar, para crear nuestra realidad. Parece que el ser humano, haya dado pasos atrás en la evolución en algunos casos, hasta llegar a convertirse en Homo Habilis.

Hemos de tener un objetivo, ponerle un poco de acción y tener fe, ello hará que se nos aparezcan circunstancias y personas en nuestras vidas que nos irán acercando a nuestro objetivo.

Capítulo 13

Atraemos lo que vibramos

Queda claro y fácilmente nos lo podemos demostrar a diario. En función de nuestra frecuencia vibratoria, obtendremos una respuesta correspondiente. Por lo tanto, sólo hemos de observar cómo estamos actualmente y saber cómo queremos estar en un futuro inmediato. Aplicando unas pequeñas correcciones cuan capitán de un barco, podremos cambiar nuestro rumbo y por tanto nuestro destino.

Ya que sabemos que atraemos lo que vibramos, hemos de observar que estamos atrayendo y si no nos gusta cambiarlo, cambiando nuestra frecuencia de vibración. Cuando tenemos una deuda y poco dinero tendemos a preocuparnos por la falta de éste y empezamos a atraer en similitud a esa vibración, por lo que no salimos de ese estado. Es la pescadilla que se muerde la cola. Cuando tomamos consciencia de lo que nos pasa en ese momento presente, podemos cambiar el estado inmediatamente. Con sólo cambiar un poco nuestra frecuencia cambiará nuestro estado. Experimentando con este hecho llegaremos a lograr la maestría, creando cada segundo de nuestra experiencia terrenal, *cada individuo es responsable de lo que le pasa en su existencia.*

Hay otro principio fundamental que es el de *acción-reacción*, que nos reclama la importancia de saber cómo estamos actuando y en consecuencia vibrando, para saber que es equiparable a lo que estamos consiguiendo. Por esto es imposible llegar a ser director de una multinacional si estamos todo el día en el sofá llorando por nuestro estado actual, en vez de prepararnos, enfocarnos y guiar nuestros pasos en esa dirección. *"Recogeremos lo que sembremos"* aunque no solo basta con sembrar, hay que regarlo a diario, vigilar su estado su crecimiento y sus necesidades para poder recoger un buen fruto y como toda siembra, necesita su proceso y su tiempo.

Capítulo 14

Cómo influyen nuestros pensamientos en nuestra realidad

Nuestra realidad, al margen de la creencia de que estamos subyugados a ella, es modificable, dando igual dónde hayamos nacido, cuál sea nuestro entorno, qué posición social tengamos, qué educación poseamos y qué medios tengamos a nuestra disposición. Nuestra realidad podemos crearla, con el poder de la vibración y si queremos modificarla lo haremos, independientemente del esfuerzo que tengamos que hacer para conseguirlo.

Seremos libres siempre y cuando creamos que podemos lograr todo aquello que queramos, que no estamos limitados por nada ni nadie, solo entonces podremos decir que somos libres, que no estamos atados a nada. Realmente a través de los pensamientos podemos transformar nuestra realidad tal como la vemos.

Normalmente, tenemos nuestros pensamientos y nuestros problemas en cajones separados, cuando hacemos un esfuerzo y los unimos en el mismo cajón, analizandolos, nos damos cuenta de que muchas de nuestras trabas diarias las atraemos nosotros mismos con nuestra forma de pensar. Un ejemplo de esto es el siguiente: Si tenemos deudas y estamos en un estado constante de débito, hemos de analizar qué estamos pensando relacionado con esto. Seguramente estemos machacándonos continuamente con frases como, ***"Me lo merezco", "Nunca conseguiré nada mejor", "Nunca tengo dinero para nada", "No me llega ni para pagar la hipoteca", "Por más que trabajo nunca tengo nada ahorrado", "Nunca tendré nada", "No creo que pueda salir de esta", "Es que la crisis es muy grande y por mucho que yo sepa hacer no conseguiré nada".***

Todas estas frases no son preguntas, son afirmaciones y lo peor de todo, es que nos las creemos, las pensamos, las decimos en voz alta a nuestros familiares, amigos y conocidos, reforzando el contenido de ellas y haciendo que se materialicen en nuestra realidad. Realmente, el Universo nota que esto es lo que queremos, es lo que repetimos constantemente, a diario ¿Cómo podemos esperar algo distinto por mucho que trabajemos?

Este efecto podemos comprobarlo claramente en el campo de la salud, si nos creemos enfermos lo estaremos. Si nos duele la cabeza, cuanto más lo repitamos más nos va a doler, porque estamos vibrando en esa frecuencia, Si nos duele una rodilla cuanto más focalicemos en ella nuestra atención, más nos dolerá.

Hace varios años, me operé de una hernia inguinal doble, debido al efecto de las sobrecargas en mi trabajo de construcción, no solamente dirigía la empresa también trabajaba de operario. Tras la operación, pregunté qué tiempo tendría que estar en reposo, me dijeron que dependía de mí, de dos a tres meses, inmediatamente pensé *"imposible, soy autonomo"*, a los quince días me llamaron de una urgencia. Una gasolinera había perdido una chapa del techo y corría el riesgo de que el viento arrancase las demás. No dudé, pregunté el precio de la grúa elevadora, y di el presupuesto a la gasolinera, era urgente y bien cobrado, lo aceptaron. Planifiqué todo para el día siguiente y con la grúa y la chapa de 230 cm de larga por 25 cm de ancha empecé el trabajo de colocación. No les puedo describir los dolores que sentía, pero mi meta era colocar la chapa y cobrar a toda costa y solo pensaba en eso, (en ese tiempo aún trabajaba solo) me costó bastante trabajo, unas dos horas poner la chapa en su sitio y asegurarla. Pero el trabajo se hizo, lo cobré y me sentí muy satisfecho. Si hubiese pensado por un momento en lo que el médico me dijo, no lo hubiese podido hacer. Es cierto que este ejemplo es muy drástico, dado que me arriesgué a que se abrieran los puntos. Pero también lo es, que demuestra el poder de la intención y de los pensamientos.

También he comprobado personalmente este hecho en el tema económico, por más que trabajaba, por más que luchaba para ahorrar, nunca tenía nada. Todo esto me ha pasado siempre, pero fué tras el conocimiento de la Ley de la Atracción, cuando empecé a observar, a analizar mis pensamientos en voz alta, en voz baja y lo que decía a los demás. Entonces reparé en el poder que ejercían este tipo de frases, pensadas o dichas en voz alta, sobre mi vida actual. Aunque ganaba dinero y es cierto que mucho, lo invertía en herramientas, era como si tuviese un agujero en el bolsillo, nunca tenía nada. Al analizarlo me di cuenta que lo que pensaba y decía era: **"No llego a fin de mes"**, **"Debo mucho dinero de mis antiguos negocios"**, **"No sé si voy a salir de esta"**, **"Con la crisis, no hay nada de trabajo"**...

Al darme cuenta de esto, empecé a pensar de otra forma, es simple pero nada fácil. Nuestra mente parece tener varios folios con frases, que se encargan de recordarnos constantemente las cosas que queremos o tenemos pendientes de hacer, curiosamente son las mismas de ayer y de antes de ayer. Así que empecé a reforzar mi idea con la visualización cuando estaba a solas, meditando, en silencio o incluso al acostarme, me veía claramente dando conferencias, firmando libros, ayudando a los demás, feliz y en armonía con mi existencia, intentado escuchar los murmullos de la gente, las fragancias del entorno, la luz en cada una de las cosas que veía. Me daba cuenta poco a poco, que al visualizarme en ese estado me llenaba de felicidad y amor, así que en ese momento me di cuenta de que esa era mi misión en esta vida terrenal y me enfoqué totalmente en reforzar esa idea, cimentándola y trabajándola día a día para que creciera y fuese sólida y consistente. Progresivamente la idea se consolidaba y aunque en estos momentos estoy aún en el camino, estoy totalmente seguro, con inquebrantable fé de que disfrutaré de esa creación que estoy forjando.

Hemos de utilizar la herramienta de la visualización, como una lente que nos permite ver aquello que vamos a conseguir, pero hemos de ver día a día lo mismo. Porque si variamos aquello que vemos, aunque solo sea por un momento, se desvanecerá, es decir, no podemos estar cambiando constantemente la dirección de nuestro objetivo. Hemos de ser constantes y perseverantes en aquella idea que queremos llevar a nuestra realidad. Por ello se dice que podemos forjar nuestro destino, nuestra realidad. Hemos de acallar esas voces de nuestro yo interno, que nos dice que es imposible, que no lo conseguiremos y tener fe en que llegará. Sólo entonces con ese pensamiento creativo repetitivo, nos permitiremos recibir y empezaremos a darnos cuenta de qué eventos y personas van apareciendo de forma causal en nuestras vidas para que se vaya cimentando y reforzando nuestra creación.

Muchas personas, a lo largo de la historia y aún hoy en día, demuestran a diario que esto es posible, que podemos crear nuestra realidad en función de la percepción que tengamos de la misma. Si creemos que podemos, podremos, si por el contrario creemos que no servimos para nada y somos unos fracasados, así será.

Todos conocemos el famoso cuento de Aladino y la lámpara maravillosa, aquel en el que Aladino encuentra la lámpara y la frota, entonces se le aparece un genio que le concede tres deseos. Cada vez que Aladino pedía un deseo, el genio respondía "Tus deseos son órdenes". Bien, pues se han descubierto escritos que demuestran que en el cuento inicial, no había límite de deseos, eran ilimitados.

Cuando pedimos un deseo y le ponemos sentimiento, logramos una emoción que vibra en todo el universo, vibra a través de toda esa tela de energía que subyace a toda creación. Evidentemente, todo esto que aquí referimos no tiene efecto inmediato, de lo contrario tendríamos verdaderos problemas. Para demostrar esto a sí mismo, propóngase un reto sencillo, algo que se pueda cumplir fácilmente, que un familiar les llame, que alguien les pida perdón, que le inviten a un café hoy... se darán cuenta que a medida que los retos sencillos se van cumpliendo, van ganando confianza, poder y entonces podrán ir incrementando el tamaño de aquello que desean.

El proceso de la imaginación creativa o visualización, se puede hacer en cualquier momento, siempre y cuando evitemos las interrupciones. Hemos de hacerlo a diario, en todo momento y hemos de tener la fé necesaria para llegar a oler las fragancias del entorno, los perfumes, los olores del tabaco, oír los murmullos y si es posible las conversaciones, incluso vernos desde el estado disociado, es decir, vernos desde fuera. Vernos hablando en una conferencia, firmando un libro, estrechando una mano... en ese momento estaremos creando esa situación repetidamente hasta que se haga realidad.

Tengamos en cuenta que estos conocimientos no son nuevos, se conocen desde hace miles de años, el problema es que fueron silenciados y el conocimiento quedó a expensas de unos pocos, de unos elegidos que conocían el poder inmenso de estas herramientas.

Siempre han existido amos y criados, aunque a lo largo de los años se le haya cambiado el nombre, "nobles y plebeyos", "ricos y pobres", todas palabras para describir lo mismo. Lo único que realmente los diferencia es el conocimiento y no hablo del conocimiento que nos permiten conocer, sino precisamente de aquel que nos tienen vedado. En otro capítulo, hemos puesto como ejemplos estudios realizados acerca de cómo influyen los pensamientos en nuestro entorno y en nosotros mismos. **Si alguna persona de las que lee este libro duda de ello, que lo pruebe, es gratis y la recompensa es inmensa en todos los campos. Es aplicable a la economía, a las relaciones personales y a las familiares, al trabajo, a todo.**

Capítulo 15

Acerca de cómo crear nuestra realidad
y no permitir que nos la creen otros

La física cuántica, nos revela y explica hechos que no puede explicar la física tradicional. La partículas de energía que crean nuestro mundo, los fotones, están íntimamente ligadas a nuestro ser como ya hemos explicado anteriormente. Se ha demostrado científicamente que los fotones pueden copiar perfectamente la estructura del ADN. También se ha demostrado científicamente que las emociones negativas, como la frustración, odio, envidia, etc... hacen que el ADN se contraiga, con lo cual podríamos deducir que estamos limitando nuestras posibilidades. En cambio, cuando tenemos sentimientos o emociones positivas, el ADN se expande, logrando así llegar a agrandar nuestras posibilidades en cuanto a nuestra realidad se refiere.

Un ejemplo de esto es sencillo, cuando nos sentimos mal anímicamente, deberíamos tender a escuchar música que nos reconforte, por el contrario, nos ponemos a escuchar música que nos recuerda esa situación dañina, haciendo que se repita y atrayendo la misma situación que estamos sufriendo.

Cuando nos duele algo y lo repetimos constantemente, por ejemplo un dolor de estómago, lo que hacemos es reforzar esa situación, diciendo al Universo (llamémosle como queramos), que tengo ese dolor, vibrando y pidiendo más de eso mismo. Si por el contrario decidimos que no tenemos dolor y buscamos para quë lo tenemos, el dolor en sí irá remitiendo. Si conseguimos llegar al foco que lo provoca, podremos erradicarlo definitivamente y esto es aplicable a cualquier tipo de dolencia. Todo es información.

La educación y nuestro entorno entre otros, refuerzan esa idea de que el dolor es malo y hay una pastilla que lo cura rápidamente. Cuando tomamos la pastilla, lo olvidamos, sin tener en cuenta que ese dolor es un aviso de nuestro cuerpo de que algo no está haciéndose bien. Lo que hacemos con las pastillas es silenciar los avisos que nuestro cuerpo nos da constantemente.

También hemos de tener en cuenta, que desde pequeños percibimos el estado de malestar y enfermedad como aliado. Cuando estamos deprimidos o enfermos, nuestro alrededor se vuelca, nos pregunta, se interesa por nosotros, nos trae regalos. Desde pequeños sufrimos este fenómeno que se extiende a lo largo de nuestra vida. Si analizamos más profundamente esto, un niño puede atraer regalos si está enfermo o decaído. Esto hace que seamos propensos en nuestra vida a que estos hechos se repitan cada vez que queremos tener atención de los demás.

Por el contrario, cuando estamos bien, alegres, felices, de buen humor, nuestro entorno parece que encuentra extraña esta situación, porque hemos llegado a asimilar que no es posible estar constantemente en ella. Pero de hecho, lo que hace que nuestra vida sea feliz y alegre, en vez de lo contrario, no son los eventos y las personas con las que nos rozamos a lo largo de nuestra vida, las que pueden provocar estos estados, sino nosotros mismos a través de cómo reaccionamos ante todo lo que nos pasa día a día.

Cuando la realidad en la que vivimos no nos gusta, podemos transformarla en otra que si nos guste, que nos agrade y nos complazca totalmente, pero para ello hemos de ser conscientes de que tenemos ese poder y aplicarlo día a día.

Si observamos la historia, en otras épocas han existido visionarios, profetas, brujos, magos, etc., que nos decían cómo hacerlo, cómo ser felices, cómo crear nuestra realidad a nuestro gusto. Pero desgraciadamente el ser humano estaba altamente entrenado para tirar por tierra a todo aquel que se saliese de la senda marcada, que destacara de los demás por sus ideas o actos, sin tan siquiera darle la oportunidad de mostrar o de enseñar aquello de lo que hablaba en muchos casos. Se ha llegado al punto de utilizar las artes para transmitir de otra forma estas ideas, a través de la música, de la pintura, de la escritura... De esta forma se lograba evitar la etiqueta de loco, de que no se tenían los pies en la tierra.

Los intereses comerciales de todo tipo, también se han encargado de silenciar todo aquello que no interesaba saber. A lo largo de los tiempos, se nos ha dado toda la información que interesaba que supiéramos, pero no toda la que existía y aquel que trataba de transmitirla en masa a los demás era tildado de loco, de mentiroso, o de brujo.

Todas las religiones merecen respeto, siempre y cuando el creyente pueda manejar toda la información de la que dispone dicha religión. Pienso que las religiones están ahí para dar al creyente ayuda a ser mejor, a vivir mejor, a crecer, y no a hacerle creer que estamos en esta vida para sufrir y que és un camino de lágrimas.

En mi caso personal, a los 14 años empecé a irme de camping solo, ya que a mis amigos no los dejaban ni a mí tampoco, pero me las ingeniaba, aunque me costaba hacerlo. Era una necesidad interior de libertad, de independencia, de reconciliación y de encontrarme a mí mismo. Esta necesidad surgía de mi corazón, era lo que quería hacer y lo hacía. Esto me llevó a experimentar una necesidad de conocer, de aprender lo que niños de mi edad no podían darme y empecé a relacionarme y salir con 16 años, con personas de 20 a 25 años, sus conversaciones me interesaban más que las de los niños de mi edad. Lentamente me di cuenta de que me aburría rápidamente y cambiaba de entorno a menudo, conociendo otras personas siempre mayores que yo, que me aportaran nuevas ideas.

A los 17 años me incorporé voluntario al cuerpo de operaciones especiales GOE, o boinas verdes español, donde pensaba quedarme como militar, pero cuando lo conocí de cerca tampoco me gustó, dejó de aportarme información. Así que volví a la vida civil y trabajé casi de todo, correos, socorrista, mecánico, soldador, técnico de máquinas de odontología, hostelería... Algunas de ellas por cuenta ajena, pero casi siempre como autónomo por cuenta propia, he pasado hasta por la jardinería. Todo esto me ha aportado experiencia por una parte, el manejo de oficios y herramientas y por otro el conocimiento del ser humano.

En las reparaciones o instalaciones, pasaba cada día, por unas 3 viviendas de media, con familias distintas, con hábitos y manías distintas. Algunas de las cuales he visto sólo una vez y otras han sido clientes asiduos.

Todo esto que he contado es para plasmar mi punto de vista, todo lo que he hecho. Hasta el día de hoy lo he hecho de corazón, sentía que tenía que hacerlo y lo hacía, me costara el trabajo que me costara, pero disfrutaba del camino y cuando alcanzaba la meta, buscaba otra, así ha sido siempre.

Hoy en día, el cambio ha sido más drástico, porque he cambiado no solo de oficio sino de medio, **antes**

utilizaba la mente para buscar clientes, y las manos para hacer los trabajos, ahora utilizo el corazón y las manos para realizar mis trabajos, ya sean escritos o hablados.

Se puede decir que he tenido una vida rica en experiencias de todo tipo, las teorías siempre me han aburrido, me ha gustado experimentarlas en mi mismo para poder ver si son reales o no.

Mi suegra, a la cual apreciaba mucho, aunque discrepábamos en cuanto a las realidades de la vida, decía que una persona sólo se puede dedicar a hacer un trabajo bien, yo por el contrario afirmaba que cada ser humano puede hacer o dedicarse a cualquier cosa que desee, siempre que ponga empeño y dedicación en ello. Y aunque en ese momento pensaba que yo era el que estaba en posesión de la verdad, **"Hoy en día, me he dado cuenta que ambos teníamos razón"**. El ser humano que crea, que solo vale para hacer un trabajo y que no vale para otra cosa, está totalmente en lo cierto y solo servirá para eso. Pero por el contrario, yo he demostrado que se puede cambiar de estado laboral perfectamente, tan solo teniendo las ganas y la voluntad de hacerlo, **yo no me considero, ni especial, ni mejor que nadie, así que si yo lo he hecho, todos lo podemos hacer, siempre y cuando queramos.**

Para ello, hemos de cambiar nuestro paradigma, es decir, debemos poner a prueba esas ideas, pensamientos y creencias que tenemos incorporadas de serie en nuestro sistema cibernético. Hemos de pensar qué es lo que pensamos y cómo nos afecta, hemos de pensar qué pasaría si cambiáramos algo que venimos "haciendo siempre así". Nuestra vida es exactamente igual que un cambio de velocidades en una bicicleta, si cambiamos solo un piñón la velocidad es distinta totalmente, nos puede costar más o menos mover la bicicleta, tenemos que buscar que queremos hacer, si ir más rápido y que nos cueste más, disfrutando menos o ir más lento y que nos cueste menos, disfrutando más.

Nuestra realidad es distinta de las otras personas, porque cada uno ha recibido un paquete de información distinto en su sistema, estos paquetes de información tienen multitud de combinaciones, según la educación familiar, la educación de los colegios, las creencias del entorno en general y se van transformando, ya sean enriqueciéndose o empobreciéndose, según el camino que vayamos recorriendo.

No podemos vivir una vida limitada porque nos hayan dicho que es así y que no podemos hacer nada para cambiarlo, esto solo es cierto para el que crea que no puede hacerlo. Es como cambiar de gafas, porque no vemos bien con ellas, ¿Por qué no buscar otras?. Si nos ciega la luz ¿Por qué no usar unas para el sol?

Tenemos que analizar nuestro interior, qué es lo que queremos y qué estamos haciendo para conseguirlo. Podemos esperar "nada", si estamos haciendo nada. Para cambiar nuestra realidad, nuestra existencia diaria a mejor, hemos de cambiar primero el interior y nuestra forma limitada de ver el exterior.

Si vemos la vida a través de los sentidos de otra persona, lo que veremos, es la vida que ve esa persona. Si queremos entonces una vida plena, llena de éxito, hemos de ver entonces la vida desde los sentidos de alguien con éxito. Vivir y vibrar una vida como lo haría alguien con éxito, con sus hábitos, siempre y cuando no nos haga perder nuestra identidad propia.

Capítulo 16

La visualización como herramienta

La visualización creativa es una herramienta poderosa para crear nuestra realidad, se basa en el principio de la vibración y se apoya en la imaginación.

Cuando queremos conseguir algo en nuestra vida, suele ser algo diferente de lo que tenemos en el momento presente. Con lo que si queremos visualizarlo tendremos que imaginar que ya lo tenemos.

Si queremos darle más fuerza a este proceso podemos utilizar un panel de visualización, que no es más que una madera o una cartulina donde pegaremos palabras y fotos que estén relacionadas con aquello que pretendemos. La mejor forma de explicar su funcionamiento es a través de un ejemplo: Si deseamos cambiar de casa, en una cartulina pegamos recortes de casas que nos gusten , una bañera de hidromasaje, foto de piscina, algunos nombres de inmobiliarias, fotos de dormitorios, etc... y lo pondremos en un lugar que veamos a diario y esto provocará que vibremos en una sintonía especial cada vez que veamos esos recortes, que conformarán nuestra casa, nuestro viaje o cualquier cosa que queramos integrar en nuestra realidad. Todos los días estaremos unos minutos apreciando todos los detalles de cada fotografía, disfrutándolas con los cinco sentidos. Podemos hacerlo al levantarnos o al acostarnos. Viéndonos en esa casa sacando la llave del bolsillo, viendo como entra en la cerradura y como abre la puerta de nuestra casa, apreciando el olor a limpio de la entrada y de toda la casa a nuevo, a recién estrenado, escuchando como cruje el suelo de madera bajo nuestros pies, viendo la vista a través de la ventana y el color de las cortinas, escuchando el cantar de los pájaros bajo la ventana y como cierran las puertas cuando pasamos por ellas, sintiendo lo cómodo que es el sofá y la cama del dormitorio etc... Cuantos más detalles integremos en nuestra visualización y más nítida sea nuestra imagen de ella mejor.

A medida que repitamos este proceso nos será más fácil ver todos los detalles, llegaremos a hacerlo mientras volvemos del trabajo y terminará siendo un proceso inconsciente que hará que el subconsciente crea que es real y esta vibración que emitimos en este proceso, provocará que eventos y personas se crucen en nuestro camino acercándonos más y más a aquello que buscamos.

Lo más importante de todo esto es no permitir que la duda, el miedo y el desánimo entren en nuestro sueño, si lo mantenemos constantemente durante unos meses empezaremos a ver como nuestra realidad se va conformando poco a poco, no se trata de un milagro instantáneo pero si de un proceso creativo con resultados sorprendentes.

Otro ejemplo más fácil y rápido de comprobar es el siguiente: si buscamos un aparcamiento, hemos de visualizar el hueco donde el coche queda aparcado y vernos maniobrando para meterlo en él. Al principio nos costará hacerlo pero cuando lo integremos como hábito verán que funciona aunque les parezca increíble, esto hará que refuercen su confianza en conseguir un logro más complicado, han de hacerlo de forma que llegue a convertirse en algo lúdico y no que les cueste, siendo algo obligado y trabajoso. Haciéndolo de esta forma, la vibración que emiten al disfrutar de lo que hacen, hará que su subconsciente quiera y crea que ya está allí y se multiplicará la rapidez con la que llegará.

Otra cosa muy importante ligada a la visualización es posicionarse en un estado de permitir, eliminando la resistencia. Permitir sin resistencia, significa que hemos de dejar de pensar cuando lo tendré, ¿me lo merezco? ¿Valgo para ello?...

Capítulo 17

La imaginación y su poder

La imaginación es algo innato en el ser humano, contamos con ella al nacer y al tomar el cuerpo físico la vamos perdiendo poco a poco, al ir adquiriendo conocimientos a través de la educación y de nuestro entorno, que en ocasiones nos dice una y otra vez que nos dejemos de tonterías, que pongamos los pies en la tierra, que aquello que imaginamos, ni es real ni lo será nunca. Nada más lejos de la realidad, la física cuántica está demostrando en estos últimos tiempos, que aquello que conforma nuestra realidad es voluble, no estable. Puede cambiarse a través de nuestro pensamiento, que crea nuestra realidad latente y si este pensamiento lo aderezamos con imaginación, conseguiremos cosas increíbles, dado que nuestro subconsciente no distingue la realidad de la ficción, es decir, no es capaz de discernir entre aquello que es material y aquello que es imaginado.

Si logramos imaginar algo y mantenerlo el suficiente tiempo en nuestra mente, se irán creando conexiones para hacerlo real, ya que prácticamente lo estamos viviendo, aunque si dejamos de sentirlo por un momento, se desvanecerá en el aire como por arte de magia.

Hay un estudio acerca de este tema muy interesante, se tomaron dos grupos de personas y se les sometió a una prueba, el primer grupo, realizaría durante un mes ejercicios con pesas para ejercitar los músculos en un gimnasio, el segundo grupo haría lo mismo pero sin pesas y en un sofá, o sea que imaginarían que estaban haciendo los ejercicios, visualizando como el músculo se tensaba y se distendía. Al final del estudio se comprobó que ambos grupos habían desarrollado más o menos en la misma proporción los músculos ejercitados. Esto demostró el poder que tiene la imaginación y la visualización en la materialización de nuestra realidad.

Yo lo asemejo personalmente a un pastel en el horno, si lo hacemos y lo introducimos en el horno esperando el tiempo necesario, crecerá y tomará la altura y consistencia adecuada, si por el contrario estamos constantemente mirando a ver cuánto le queda y como está, abriendo y cerrando el horno, dejará de crecer e incluso menguará, no consiguiendo tomar el aspecto deseado.

La buena noticia es que la podemos recuperar. Con la práctica podemos volver a tener una imaginación ilimitada. Practicando regularmente ejercicios de imaginación y utilizando la visualización, se reactivará de nuevo esta habilidad de crear lo que no existe.

Como ejercicio, aunque podamos darle los matices personales que queramos, podemos sentarnos en el sofá en una postura cómoda, cerrando los ojos e intentando limpiar la mente de preocupaciones y problemas. Centrándonos en ver un lugar donde nos gustaría estar de vacaciones, una playa, un bosque o un país del que tengamos algunos datos, inmediatamente y viendo ese entorno donde nos gustaría estar, ponemos allí nuestro cuerpo y empezamos a rellenarlo de personas y eventos, una palmera, un agua de mar transparente verde esmeralda, un camarero que nos sirve una bebida fría y al rato nos pregunta si nos gustó etc.. Lo realmente importante de esto es ver toda la situación en conjunto, con sus ruidos, sus olores, sus colores, con todos los detalles posibles e incluso sentir el calor de la arena en nuestras manos o el viento en nuestra cara, con la práctica se puede hacer en cualquier momento, incluso con los ojos abiertos.

Tener una imaginación fluida y potente, es de vital importancia para sacarle todo el partido a la herramienta de la visualización.

Capítulo 18

El Coaching como proceso de cambio

El proceso del coaching, utiliza varias herramientas para conseguir que el coachee (persona que solicita el proceso), consiga clarificar en qué punto está ahora de la vida y que ha de hacer para llegar donde quiere estar.

La palabra "Coach", proviene del francés y significa carruaje, la palabra coaching deriva de ella, así podríamos traducirla como "vehículo para transportar personas de un lado a otro".

Hoy en día el Coach, es la persona que te guía y te lleva de un lado a otro. Muy usada en el deporte para definir al entrenador que consigue obtener los mejores resultados en equipos y personas de alto rendimiento.

Desde hace más de veinte años se viene utilizando el Coaching en Estados Unidos y Francia, como herramienta de cambio, tanto en empresas como a nivel personal.

En España es relativamente nuevo. El Coaching

como proceso trabaja todas las áreas de la vida: economía familiar, vida familiar y de pareja, salud, profesión, espíritu y relaciones personales.

A través del Coaching se pueden conocer las últimas estrategias, para atraer y alcanzar el éxito y todo lo que hayamos deseado, tanto en la vida profesional como personal.

Del proceso del Coaching se pueden beneficiar todas aquellas personas que quieran mejorar algún área de su vida, siempre y cuando estén dispuestos a cambiar.

El proceso del Coaching, consiste en un entrenamiento confidencial y personalizado que pone al descubierto lo que nos falta, entre lo que somos y lo que queremos llegar a ser. Descubre los obstáculos que nos impiden mejorar, despertando las ganas de evolucionar en nuestro interior.

El Coaching es una forma de lograr enfrentarse a la depresión, soledad y frenos, obteniendo motivación y alegría, reforzando la vitalidad, determinación y ganas de vivir, por medio de una serie de herramientas.

El Coach, es el entrenador especializado que te estimula, te guía y saca lo mejor de ti, eliminando las limitaciones personales y sacando el mayor partido de ti mismo.

La forma de explicar superficialmente el proceso del Coaching, es sencillo, somos energía y en función de lo que hacemos, podemos lograr aumentarla o reducirla, cuanta más energía tengamos, más podremos conseguir. A través del Coaching encontraremos aquellos elementos que nos proporcionan energía y eliminaremos los que nos la roban.

Teniendo más energía, viviremos mejor, desarrollándonos y teniendo éxito en todo aquello que queramos emprender.

A veces, el hecho de ir hacia nuestro objetivo puede obsesionarnos y estar más lejos que cuando empezamos, haciendo que no lo consigamos. Existe otra forma de conseguir las cosas y es atrayéndolas. Muchos dirán que es suerte, pero se ha demostrado que no es casualidad sino causalidad. Es una forma de alcanzar el éxito.

Esta otra forma, está basada en la idea de observar la respuesta con la que reaccionamos a los eventos que nos suceden cotidianamente, la vida está determinada por estas respuestas y el Coaching te ayuda a darte cuenta de todo esto y así, alcanzar todos y cada uno de tus objetivos.

Con la ayuda de este proceso, podemos escribir día a día nuestro destino, no es importante cuando lo iniciamos o en qué punto de nuestra vida estamos, lo importante es evitar que aparezcan las limitaciones personales que cada uno tenemos.

El Coaching se basa en la responsabilidad individual, es decir, si alguien quiere cambiar su vida a mejor ha de poner de su parte para que ello suceda, sino el proceso en sí, no dará ningún resultado. Si por el contrario, queremos cambiar y ponemos todo lo que podamos de nuestra parte, conseguiremos mejorar nuestras vidas y llegar a lo más alto.

Cuando sabemos lo que queremos alcanzar y que no tenemos más limitaciones que aquellas que permitimos que surjan de nuestro interior, como el miedo y las creencias entre otras, entonces se puede lograr gracias al proceso del Coaching sacar provecho a todas nuestras posibilidades.

Hemos de tener en cuenta la importancia de estar relajado sin estrés, disfrutar y ser felices haciendo lo que nos gusta, de esta forma y sin perder de vista nuestro objetivo estaremos en sintonía con aquello que queremos, e irán apareciendo eventos y personas gracias a las cuales, nos iremos acercando paso a paso a nuestro objetivo, siempre y cuando nos demos cuenta de quienes somos y qué es lo que queremos conseguir.

Capítulo 19

La PNL

Las siglas de la PNL, son la abreviatura de Programación Neurolingüística

La palabra **Programación** se refiere a nuestra aptitud para aplicar y generar programas de comportamiento. La palabra **Neuro** va referida a que nuestro comportamiento, proviene de procesos neurológicos ligados a percepciones sensoriales, es decir "vemos" el mundo a través de los cinco sentidos, a partir de los cuales obtenemos nuestra propia información y actuamos según ella. Esto significa que las percepciones sensoriales influyen en nuestro estado emocional. **Lingüística,** se refiere a los medios de comunicación humana, tanto verbal como no verbal, que son los que utilizamos también para organizar nuestras conductas y pensamientos.

También se la conoce como ciencia de la excelencia. La PNL nos enseña que nuestra mente es programable a través del lenguaje.

El mundo perceptible es siempre más rico que el

modelo que se tiene de él.

El ser humano capta sólo una parte de la realidad externa. Es decir, cada individuo percibe el mundo a través de una serie de filtros que no le permiten ver la totalidad. Estos filtros son: La historia personal, las creencias, el lenguaje, la pertenencia a cierto grupo social, la cultura, los valores, los intereses y las suposiciones.

Las Presuposiciones de la PNL son:

- Todas las personas tienen recursos para mejorar y pueden hacerlo, no importa cuál sea su estado actual, es decir da igual en el punto de nuestra vida que nos encontremos, si queremos, podemos acceder a recursos que nos harán cambiar nuestra situación.

- Las personas tienen los recursos que necesitan para producir cambios y si no los tienen, los pueden aprender. Si no tenemos aquello que necesitamos para realizar el cambio, podemos aprenderlo o modificar aquello que sabemos.

- Todos podemos aprender cualquier cosa con el tiempo, la técnica y los pasos adecuados, unos tardan más tiempo y otros menos pero con la intención de hacerlo adquiriremos lo necesario para realizar ese cambio.

- El cambio Interno, es la fuente de todo cambio externo. Antes de cambiar exteriormente, hemos de analizarnos internamente y depurar aquellos hábitos que sean freno para nuestro cambio.

- Toda tarea puede ser aprendida o desarrollada si se divide en   pequeñas partes que serán más fácilmente asimilables.

- La transformación puede ser fácil, rápida, duradera y divertida.

- El mapa, no es el territorio. Ningún mapa refleja el mundo de una forma exacta y completa.

- Las personas, cuando actúan, lo hacen de acuerdo con el mapa que manejan en ese momento y siempre desean lo mejor desde su punto de vista.

- Cualquier comportamiento puede mejorarse, da igual como seamos en un momento dado, siempre podremos ser mejores.

- No existe el fracaso sino los resultados, que tan sólo dan nueva información (retroalimentación), feedback.

- Aquello en lo que piensa un hombre, en eso se convierte, si nos vemos repetidamente haciendo algo, nos convertiremos en la persona que hace eso.

- Mente y cuerpo son parte de un mismo sistema cibernético y se influyen mutuamente. "Mens sana in corpore sano".

- Las personas tienen dos niveles de comunicación: el consciente y el inconsciente.

- Cada comportamiento tiene una "ganancia" y una intención positiva.

- En un sistema, el elemento de mayor flexibilidad es el que domina.

- El efecto de la comunicación, depende de la flexibilidad del emisor.

- Si algo no funciona, se prueba hacer otra cosa.

- El número de opciones aumenta el grado de libertad, cuanto más cosas dominemos, más fácilmente podremos solucionar un problema.

- El conocimiento es más deseable y útil que la ignorancia, es indudable que cuanto más sepamos sobre cosas distintas, más preparados estaremos para afrontar cualquier tipo de reto.

Estas presuposiciones nos hacen ver que el ser humano está totalmente dirigido por su medio interno y que éste, está conformado por el entorno exterior y todo aquello que lo integra.

Una vez que sabemos todo esto y lo integramos reconociéndolo y conociéndonos interiormente, podemos cambiar y alcanzar todo aquello que nos propongamos, modificando aquello que nos lo impide.

Capítulo 20

La terapia Gestalt. El Aquí y Ahora

Hay un dicho en latín "Carpe Diem", que significa vive el momento presente porque éste no se volverá a repetir, vivimos una vez y en este camino por la vida terrenal hemos de saborear todos los minutos como si fueran el último. Cuando así lo hacemos y vivimos una vida saboreando cada momento, sin pensar en el qué dirán, en qué pasará, sin miedos, ni tribulaciones, entonces estamos muy cerca de la felicidad plena, porque dará igual como estemos, donde estemos y con quien estemos, estaremos realmente viviendo nuestra vida.

La Terapia Gestalt se centra en el aquí y ahora, en el momento presente, el pasado ya pasó y el futuro está por llegar.

Todos aquellas experiencias, tanto buenas como malas que tuvimos en el pasado, tuvieron un para qué y pasaron para que aprendiéramos de todas y cada una de ellas, con todas conformamos quienes somos hoy, el futuro estará escrito en la forma que queramos que se escriba, según como actuemos en el momento presente.

Por ello, hemos de centrar toda nuestra atención en el momento presente, porque en la forma que actuemos hoy, recogeremos el fruto mañana.

La Terapia Gestalt tiene tres premisas:

1. **Awareness, o darse cuenta**, a través de tres formas:

- *El darse cuenta del mundo o zona externa*. Yo veo, yo toco, yo huelo. Yo percibo aquí y ahora. Se relaciona con los sentidos y todo lo que pasa afuera más allá de nuestro cuerpo.

- *El darse cuenta de la zona interna o sí mismo*. Yo siento, aquí y ahora. ¿Qué estoy sintiendo?, ¿Cómo estoy sintiendo?, ¿Dónde estoy sintiendo? Nos pone en conexión con nosotros mismos, con nuestro interior.

- *El darse cuenta de la zona intermedia*. Yo pienso, yo imagino, yo planifico, yo recuerdo. Referido a nuestra actividad mental.

2. **Homeostasis:** todo organismo forma parte de un todo, nada es autosuficiente. El equilibrio homeostático (autorregulación), es la salud misma ya que un organismo en desequilibrio enferma.

3. **Contacto:** Nadie puede invadir nuestro espacio vital, porque nos sentimos amenazados en nuestra individualidad. Este tipo de miedo a ser afectados hace que a veces elijamos la soledad, que tiene la

base en ese temor o miedo.

Por el contrario, puede pasar que tengamos un exceso de contacto que nos impide tener creatividad y concentración. Esto dificulta distinguir entre el yo y el ambiente exterior.

La Terapia Gestalt, utiliza el Cómo y el Qué, el Por qué no se utiliza ya que puede conducir a la especulación. El terapeuta se centra en la expresión no verbal del paciente y al mismo tiempo en sus propias sensaciones, solo así se percibirá de forma clara lo que está sucediendo en ese momento.

Esta terapia es de suma importancia a la hora de situarnos en el contexto de nuestra vida. Debemos saber dónde estamos en este preciso instante y ello nos llevará a la aclaración de cuanto hemos de añadir y quitar para llegar donde queremos estar.

Estando sumidos en un recuerdo repetitivo de lo que éramos antes, nos podemos confundir a la hora de planificar nuestra actuación con respecto a aquello que queremos conseguir.

Capítulo 21

Cómo saber en qué nivel vibramos

Para reconocer en qué nivel vibramos, hemos de observar lo que nos acontece como ya dijimos en el capítulo anterior.

Cuando observamos un evento, podemos reconocerlo y catalogarlo en función de cómo nos sentimos ante él. Hemos de observar la emoción que nos suscita el entorno e intentar encuadrarlo objetivamente. Una vez hecho esto y mediante cualquiera de los ejercicios mencionados en el capítulo siguiente, lo cambiaremos a través de nuestro enfoque.

A continuación, tenemos dos grupos de emociones donde podremos reconocer en qué nivel emocional nos desenvolvemos.

Entre otras **positivas:** Alegría, libertad, amor, apreciación, pasión, entusiasmo, ilusión, felicidad, expectativas positivas, optimismo, tranquilidad, esperanza, satisfacción, falta de autoestima, euforia...

Entre otras **negativas**: Pesimismo, frustración, impaciencia, decepción, agobio, estrés, culpabilidad, inquietud, ira, desanimo, temor, desesperacion, depresión, inseguridad, venganza...

El orden en el que están expuestos no es relevante, puesto que cada ser humano las somatiza en distinto grado, por ejemplo la ira para unos es más intensa que para otros a pesar de encontrarse ambos en el mismo nivel vibracional.

El juego o trabajo lúdico que hemos de hacer a diario llegando a dominarlo intensamente, es observar lo que nos acontece. Sentir la emoción que nos provoca y transformar una emoción con matices negativos o poco constructivos en una emoción que nos provoque un estado de positividad, haciéndonos sentir bien.

Al principio nos costará un poco llegar a reconocer en qué estado nos encontramos pero a medida que avancemos nos resultará con la práctica más fácil de reconocerlo y cambiarlo. Podremos hacerlo en un abrir y cerrar de ojos.

Capítulo 22

Ejercicios prácticos para cambiar el nivel vibracional

Para cambiar nuestro nivel vibracional, primero hemos de encontrar en qué nivel estamos, es decir darnos cuenta si las emociones que sentimos son positivas o negativas y la fuerza con que cada una de estas emociones interfiere en nuestra vida.

En la lista de emociones del capítulo anterior podemos encontrar cuál es nuestra emoción o emociones predominantes. Una vez reconocidas como nuestras y traídas al consciente, podemos transformarlas de negativas a positivas a través de unos ejercicios determinados.

Estos ejercicios aquí expuestos se muestran como referente, aunque se pueden modificar siempre y cuando el fin que buscamos con el no sufra cambios. A continuación les muestro cinco de estos ejercicios.

Podemos adquirir con la práctica, la habilidad de darnos cuenta de en qué nivel vibramos y con qué fuerza o grado lo hacemos, poco a poco adquiriremos la sensibilidad de reconocer y así poder cambiar el estado actual en el que estemos, por el estado que deseamos tener.

¿Con qué pensamientos vibro y por consiguiente me siento mejor?

Cada pensamiento provoca una emoción y por tanto una vibración determinada. Tenemos que saber que cuando pensamos en dinero, no necesariamente estamos vibrando en la frecuencia de la riqueza. Cuando lo hacemos tenemos dos opciones que tenemos que reconocer.

Una es la emoción de estar tranquilo, sosegado, no preocupado por deudas y por problemas económicos, de esta forma estamos vibrando en forma positiva, atrayendo un estado de tranquilidad y no necesidad del dinero esto hará que la prosperidad llegue a nosotros irremediablemente. Mente de rico.

Otra es la emoción de estar preocupado, alterado, con miedo de no poder pagar las deudas, de no llegar a fin de mes, con ansiedad, al hacerlo de esta forma estamos creando una vibración de carencia, de falta de dinero que lo único que hará es provocar la falta de éste al traernos un estado similar al que estamos vibrando. Mente de pobre.

Este ejercicio consiste en concentrarnos en ese estado que nos haga sentir mejor, relajados y tranquilos, porque cuando reconocemos que nos sentimos bien con un pensamiento, podemos saber a ciencia cierta que estamos vibrando de forma positiva con aquello que deseamos y ésta es la forma de atraerlo y conseguirlo.

Cuando estamos concentrados en algo que queremos conseguir y sentimos emociones negativas, estamos vibrando de forma incorrecta, por lo tanto una vez nos demos cuenta de que es así como nos sentimos, hemos de variar el tono de cómo pensamos sobre aquello que deseamos, para lograr un estado en el que empecemos a sentirnos bien, entonces estaremos en sintonía con la fuente.

Las emociones negativas son reflejo de que no vamos por buen camino en la consecución de nuestro objetivo.

Podemos coger un papel y lápiz y plasmar qué pensamientos afloran a la superficie cuando pensamos en nuestro deseo. Por ejemplo si deseo dinero:

No tengo dinero, no llego a fin de mes, necesito más dinero, no podré irme jamás de vacaciones, etc.... Cuando vemos reflejado como nos sentimos al leer estas frases, sabremos que no vamos por buen camino si no nos sentimos bien.

Entonces hemos de cambiarlas para que estén acorde con nuestro estado y de esta forma sentirnos bien; por ejemplo:

En este momento no tengo dinero, este mes no puedo comprarlo, lo haré el mes siguiente, el año que viene me iré de vacaciones. De esta forma, aunque pensamos en el mismo hecho, nuestra forma de enfocarlo hace que se vea distinto, no nos afecte de la misma manera y así podemos vibrar de una forma, que aunque no lo tengamos, no ofrezcamos resistencia a que llegue a nuestras vidas.

Nuestra cartera llena

Aunque no lo creamos, muchas de las personas asocian el dinero con su bienestar físico. El dinero posee una vibración que es ejercida todos los días y prácticamente a cualquier hora, hay pocos momentos del día que no estén relacionados con el dinero.

Hemos de observar cuál es nuestra verdadera relación con el dinero y si no es la correcta, cambiarla inmediatamente por otra que sí lo sea.

Bien, este ejercicio consiste en conseguir un billete de cien euros y meterlo en la cartera. Entonces, lo que hacemos es salir a la calle e ir de tiendas, viendo todo aquello que nos gustaría comprar, esto hará que sintamos el poder de tener el dinero para comprar aquello que nos gustaría obtener. El tener ese billete, o sea dinero y no gastarlo de golpe, hace que nuestro subconsciente crea de verdad que tenemos el dinero y vibremos constantemente en esa sintonía.   Cada vez que veamos algo que podemos comprar, nuestra vibración será positiva con respecto a ese hecho. Cada vez que veamos algo que nos guste podemos decir "yo podría comprarme eso", "puedo adquirirlo"....

El hecho de tener el dinero también hace que el subconsciente crea que realmente tenemos el dinero, ya que no fingimos tenerlo, lo cual nos daría una vibración distinta.

Aunque parezca un ejercicio sin sentido, no lo es, basta con probarlo.

Como este proceso lo podemos repetir diez veces o más en un día, el subconsciente pensará y creerá que hemos gastado 1000 €, o más y hará que vibremos en una sintonía de prosperidad.

El cambio

Este ejercicio consiste en prestar atención deliberada a lo que estamos pensando sobre lo que deseamos y si no vibra en la frecuencia que necesitamos para conseguirlo, cambiar ese pensamiento al instante, cambiando la frecuencia en ese mismo momento.

Por ejemplo, si nuestro objetivo es tener dinero, éxito y prosperidad al observar lo que pensamos acerca de ello, nos damos cuenta que estamos pensando "no llegaré a fin de mes", "este mes no podré arreglar el coche", "debo aun la luz y el agua", rápidamente lo podemos cambiar por "este mes voy a gastar un poco menos", "el coche lo arreglaré dentro de un mes" "la factura del agua y la luz la pagaré mejor el mes siguiente", inmediatamente al realizar este cambio en cómo pensamos acerca de los aconteci-mientos diarios de nuestra vida, nuestra vibración con respecto a ello cambia forzosamente, con lo que obligamos a que nuestra vida tenga que sintoni-zarse en esa misma frecuencia.

Si conseguimos tener el hábito de observar nuestros pensamientos en cada momento del día, consegui-remos forjar un sistema, a través del cual, cada vez que no estemos a gusto con lo que estamos ha-ciendo o pensando, modificando el pensamiento en cuestión, cambiamos inmediatamente la vibración a voluntad y con ello la posible consecución de nuestros objetivos.

La pizarra de los objetivos

Este ejercicio lo podemos hacer con una pizarra o con una cartulina, (es preferible una pizarra que se pueda borrar). El ejercicio consiste en hacer dos columnas y encima de éstas colocar el o los objeti-vos que tenemos marcados. En la primera columna pondremos la lista de pensamientos y emociones positivas que surgen cuando pensamos en nuestros objetivos y en la columna derecha pondremos los negativos. Hemos de ser honestos con nosotros mis-mos y poner todas las emociones y pensamientos sin obviar ninguno por ridículo que nos parezca.

Una vez hecho esto, observamos lo que hemos es-crito y veremos que la columna de las emocio-nes negativas que provocan nuestros objetivos es mayor que la columna de las emociones positivas.

Lo importante de este ejercicio es que al ver escritas todas nuestras emociones, las reconozcamos y así podamos gradualmente ir sustituyendo las negativas por positivas, desequilibrando las columnas hacia el lado que nos beneficia, que és el de las emociones positivas, que provocan una vibración que nos acercará cada vez más a la consecución de nuestros objetivos.

Para llevar a cabo dicha sustitución, sólo hemos de cambiar nuestra visión de como lo vemos. Por ejemplo: Si cuando vemos nuestros objetivos nos surge un pensamiento negativo acerca de ellos, como "**no estoy preparado para ello**", lo sustituimos y repetimos mentalmente "**Estoy preparándome para ello**", y así con todos los pensamientos y emociones que nos surjan, se trata de darle un enfoque positivo a todos ellos, de esta forma aunque dicen lo mismo el matiz es positivo en vez de negativo.

Buscando nuevas emociones

Hemos de saber que el punto de atracción no está en las palabras ni en el pensamiento, sino en la vibración de la emoción que nos provocan.

Para explicar cómo funciona este ejercicio, volvemos al ejemplo del dinero. Si en este momento no tenemos dinero y si deudas. Nuestro estado emocional y vibracional con respecto a este es de "carencia" y esto provoca una resistencia debido a patrones y creencias mentales, aunque nuestras palabras sean todo lo contrario. Por mucho que repitamos "soy rico", "me sobra el dinero", si en la cartera no tengo un solo céntimo, difícilmente vibramos en ese estado.

Para cambiar nuestra vibración a positiva, podemos hacer este ejercicio: cuando estamos en nuestra casa que es un onceavo piso, en vez de pensar "vivo en un piso demasiado alto", podemos practicar y reforzar pensamientos como "qué buena vista tiene mi casa", "veo toda la ciudad", "desde aquí no se escuchan los ruidos de los coches", "es una casa muy tranquila". Podemos realizar este ejercicio con todo, a cada instante, otro ejemplo puede ser, cuando subimos a nuestro coche viejo, en vez de pensar "es muy viejo", "la tapicería está vieja", "la pintura está estropeada", los sustituimos por, "Que color mas bonito tiene mi coche", " a pesar de ser tan antiguo los asientos son bastante cómodos", " es pequeño por fuera pero amplio por dentro y se aparca en cualquier sitio, etc...

Con la práctica cada vez nos resultará más fácil reconocer y sustituir un pensamiento o emoción negativa por otro positivo, cambiando nuestra vida al instante.

Bibliografía

"Los mensajes ocultos del agua". Masaru Emoto. Editorial Alamah   Autoayuda. 2007

"Pide y se te dará". Esther y Jerry Hicks. Editorial Urano Argentina. 2008

"La matriz divina: un puente entre el tiempo, el espacio, las creencias y los   milagros". Gregg Braden. Editorial Sirio. 2007

"Kybalion". Hermes Trimegisto. Editorial Kier 1970, 8ª Edición

"La Ley de la Atraccion" Rhonda Byrne ,Atria Books, 2006

"El Código de la Emoción" Bradley Nelson, Wellness Unmasked Publishing Mesquite, Nevada, 2007